U0906314

与岁月劈面相逢

武向春 著

南方出版传媒
花城出版社
中国·广州

图书在版编目（CIP）数据

与岁月劈面相逢 / 武向春著. -- 广州 : 花城出版社, 2017.3
ISBN 978-7-5360-8312-7

Ⅰ. ①与… Ⅱ. ①武… Ⅲ. ①散文集－中国－当代 Ⅳ. ①I267

中国版本图书馆CIP数据核字(2017)第043306号

出 版 人：詹秀敏
责任编辑：许泽红
技术编辑：凌春梅
装帧设计：WONDERLAND Book design 仙境设计

书　　名	与岁月劈面相逢 YU SUIYUE PIMIAN XIANGFENG
出版发行	花城出版社 （广州市环市东路水荫路 11 号）
经　　销	全国新华书店
印　　刷	佛山市浩文彩色印刷有限公司 （广东省佛山市南海区狮山科技工业园 A 区）
开　　本	880 毫米×1230 毫米　32 开
印　　张	7.875　　1 插页
字　　数	200,000 字
版　　次	2017 年 3 月第 1 版　2017 年 3 月第 1 次印刷
定　　价	29.00 元

如发现印装质量问题，请直接与印刷厂联系调换。
购书热线：020－37604658　37602954
花城出版社网站：http://www.fcph.com.cn

目 录

第一辑 蓝桥风月

第二辑　黄四娘家花满蹊

第三辑　春初老

第四辑　愿春天在你心中

第五辑　知音难再得

自序：一弦一柱思华年

——致我的四十岁

曾以为四十岁是很可怕的年龄，尤其对女人而言，意味着青春不再，容颜憔悴。

然而年华似水，如今我已年届四十，终于明白什么是四十不惑，终于知道四十岁有四十岁的好，虽然脸庞也开始沾染了岁月的风霜，但岁月也赐给了我其他的礼物。

四十岁的我，不再喜怒形于色，虽然仍会为物喜为己悲，但我不会再让情绪支配我的生活。在年轻的时候，那些情绪像一条汇集了无数芜杂水系的河流，雨季来临，它会泛滥成灾。四十岁就像是一道分水岭，再狂暴的河流，经过理性的闸门，它也会自动减缓流速，直至平缓。

四十岁的我，开始欣赏生活的本意。年轻时想要的生活，好似大花园，要姹紫嫣红开遍，日暮了，只恐夜深花睡去，还要高挑了红烛来照那海棠花开，细细看遍才肯罢休。四十岁以后，才发现布衣蔬食亦别有滋味，仿佛是那白色的苎麻衬衫，经纬分明，看似粗糙，却是丝丝透着熨帖，又仿似那花，牡丹、玫瑰自有它们的富丽堂皇的好，路边不起眼的小草，开出的蓝幽幽的小花朵如同小米粒一般，亦别有动人心处，还有菜园里的青菜亦会开花，那种美远非艳丽芬芳的花朵能比，一枝一叶中透出的是蓬勃的生命力，还有对生活无限贴近的本真。

四十岁的我开始对小孩子开始有了脉脉的温情。曾经看来琐琐碎碎的生活细节，因为有了我的女儿小豌豆，被重新赋予了新的含义。

每当我送小豌豆去幼儿园，看见教室墙外张贴的儿童画，总有想要流泪的感觉，从那一笔一画中的稚拙中，看到了人之初的美。

有时候，去晚了，幼儿园已经开始上课了，音乐老师在讲台前弹着电子琴，摇摇摆摆地唱道："火车火车来了，呜呜呜。火车火车来了，呜呜呜。"一群一点点大的小孩子有一搭没一搭地跟着唱，那种单调的又重复的歌唱有着一种特殊的美感，像是清晨的第一抹曙光、草尖上的露珠，清澈而又透明。

小豌豆每年冬天都要病一场，这回她又病了，她的脸烧得通红，我开着车拉她去医院，她像一只胖冬瓜一样蹾在座位上，一声不吭，一扫前些日的"跋扈"：她在幼儿园里不肯好好地吃饭，生活老师吓唬她，如果不吃，就拉她到别的班级教室去罚站，她害怕了，立刻把碗里的面吃了。接下来的几天，我送她去幼儿园，她拉着我的手不肯让我离去，不停地哭，眼泪从她的眼睛里冒出来，渐渐地哭成涕泗横流的样子，生活老师来抱她，她拒绝让她抱。细小的脖子梗出一副倔强的姿态，生活老师显得局促不安。小豌豆用她的眼泪表示她的委屈和不满，她认为老师的做法伤害了她小小的自尊心。

年少的时候，我认为，生命的力量就在于不顺从。然而四十岁以后，我还想要告诉小豌豆的是，要记住每一个对你好的人，因为他们本可以不这么做，此外，我们要学会宽恕。你心中的空间越大，心上生长的花朵就会越繁茂。

四十岁的我，不再是那个"拼将一生休，尽君今日欢"的任性女子，不再有强烈的爱，更不会有强烈的恨。在这一年，我忽然对宋丹丹、六六以及马伊琍的婚姻智慧心领神会：

宋丹丹经历了三段婚姻。第一次婚姻，她为英达守口如瓶；第二次婚姻，曾被她称为最满意的生活，但仍旧走到山穷水尽；第三次婚姻，她再也不像年轻时那样冲动了。她说："原来只想要一个拥抱，不小心多了一个吻，然后你发现需要一张床、一套房、一个证……离婚时才想起，你原来只想要一个拥抱。"

六六在《写给岁月的感谢信》中说："如果和十一年前比较，我更喜欢现在的自己。原因是我的人生内容丰富了，虽然缺少苹果一样的粉红脸蛋和杨柳细腰，还有小姑娘顾盼生辉的怯懦。但我很喜欢我现在的状态，随遇而安，遇事不躁。出则风起云涌，入则贤良安端。大场面司空见惯，小日子恬静平淡。情感上拿得起放得下，已经摆脱了少女的那种情怀，一旦爱上你就天崩地裂、海枯石烂，不生死与共绝不够爱，我可以收放自如，你希望我多爱你我就多爱你，你希望我保持多远的距离我就保持多远的距离。即使独自一人，我都不会寂寞孤独自怨自怜。岁月让我像红酒一样沉淀缓释余香，我发现周围有越来越多关注我的异性眼光，虽然我心里永远只装一个人。"

还有马伊琍，在面对丈夫的出轨时，她只淡然回应："婚姻不易，且行且珍惜。"

四十岁的我亦感谢岁月，是岁月让我脱去青涩，渐入佳境，岁月亦让我爱上现在的自己。

四十岁的我，开始与世界和解。譬如项庄舞剑，意在沛公。在年轻的时候看来，我就是那沛公，剑意逼人，直刺入骨，我要躲闪腾挪，要针锋相对。四十岁以后，我依然是沛公。然而我已经知道，无论剑的锋芒有多么寒凉，它已经无法伤害我，我要做的，不过是坐在案后，悠然观赏那剑花的精美，心中无忧无惧。

四十岁的我，有了自己的独立思考，不再人云亦云，不再囫囵吞枣。譬如，历史在我眼中，不再是教科书上的教条，贯穿着主义、宗旨和党派，我更倾向用细节的砖石砌成一道辉煌时光走廊，用凸显细部的方式来呈现整体的力量和气势。伟大与渺小、铁血规则和至情至性互相对立又糅合在一起，难舍难分。

相对定义式的历史书写，我更倾向于微言大义，春秋笔法。用细节还原历史场景，让每个阅读者自己得出结论。

对我来说，所有的历史书写，就像是芬兰12岁小男孩奥斯卡的初衷：一年前，他在动物园里看到一只情绪低落的熊，于是他用了整整一个夏天在森林里采集小浆果，并在祖母的帮助下做了400瓶果汁，卖了200欧元。他把钱捐给动物园，希望买一棵树送给那只因思念森林而抑郁寡欢的熊。

四十岁的我，不再单纯追求文章能够写得华丽丰赡，故事是否讲述得跌宕起伏，我更期待能够透过我的书写表达出人物的忧伤、理解、痛苦和谦卑，从中体会得到生命的悸动与冲突，以及深切的悲悯之情。

四十岁的我，世界在我眼里不再是一团迷雾，再高深的玄机，在我眼中亦有破解的那一日。犹如《庄子》中的朝菌之于椿树，蝼蚁与蜂蝶之于人类，它们哪知椿树与人类的存在，无论站在何种层面，都会有其局限性。万事万物无法穷尽，然而万事万物亦有道，道是自然规则，亦是社会运转法则，大道至简。人生其实就是一个不断悟道的过程，顺于行道，道法自然，自然而然。

我并不认为岁月让我变得世故，因为在我的灵魂里没有一茎白发，心里永远住着当初的那个少年。就像仓央嘉措的诗：

你见，或不见
我，就在那里
不悲不喜
你念，或不念
情，就在那里

不来不去
你爱，或者不爱
爱，就在那里
不增不减
你跟，或者不跟
我的手就在你的手里
不舍不弃
来我怀里
或者让我走进你的心里
默然相爱
寂静欢喜
无论世界如何变幻，我依然是我

套用苏格拉底的一句话：我们与世界相遇，我们与世界相蚀，我们必不辱使命，得以与众生相遇。

第一辑 蓝桥风月

蓝桥风月

橙子入诗远不如荔枝那么频繁，荔枝受到诗人的青睐，原是凭借了杨贵妃的倾国倾城的美貌。杜牧的“一骑红尘妃子笑，无人知是荔枝来”，将年迈的玄宗对曾是儿媳的杨贵妃的宠爱描摹得淋漓尽致，时至今日，仍有一个品种的荔枝被称为“妃子笑”。在诗中，荔枝好比是肉欲的牡丹花，而橙子就是亭亭出水的荷花了。

宋人刘辰翁的《忆江南》的词里曾写到了橙子，这是一阕非常淡雅的词：

> 梧桐子，看到月西楼，醋酽橙黄分蟹壳，
> 麝香荷叶剥鸡头，人在御街游。

从词中，大宋的青春嘉年华依稀可见：中秋

月明，坐在御街的食铺里，蘸着香醋和橙汁，品尝大闸蟹，然后用清香的荷叶托着一捧菱芡，边走边剥着吃，那种普通人的情致，想来令人悠然神往。

橙子作为菜式出现时，它大多数是与蟹搭配在一起，比如南宋第一任皇帝高宗临幸清河郡王张浚的府邸时，在张府呈上的下酒十五盏里，第八盏的螃蟹酿橙别出心裁，在《山家清供》里曾记叙过这道菜式的做法：橙用黄熟大者，截顶剜去瓤，留少液。以蟹膏肉实其内，仍以带枝顶覆之。入小甑，用酒、醋、水蒸熟。醋、盐供食，鲜且香，使人进一步领略到美酒、菊花、香橙、螃蟹色香味交融一处的秋日之氛围。这酸咸宜人的佐酒佳肴做法，即便是见诸文字，仍令人垂涎三尺，顿兴秋风之叹，其制法的想象力和优雅唯美的品味可谓登峰造极。

不过，北宋一代名臣梅尧臣却用橙来烹鱼，那还是他居住在汴京时的旧事了。汴京在北宋时是繁华的都城，饮食文化非常丰富，举一个简单的例子来说明这种饮食文化吧：那时的达官贵人家风行自酿家酒，此风到南宋依然盛行，高宗吴后娘的家酿就有一个旖旎的叫法，曰：蓝桥风月，在《水浒传》中，宋江就是喝了这种名唤蓝桥风月的酒，趁酒兴在浔阳楼题下反诗。

梅尧臣的家酿如何已不得而知了，但他家中有一婢女却善做鲤鱼脍，欧阳修、刘厚甫等人每思食脍，必提鱼往过，梅尧臣在《设脍示座客》曾铺排地描述鲤鱼脍的做法：

萧萧云叶落盘面，粟粟霜卜为缕衣。
楚橙作齑香出屋，宾朋竞至排入扉。

所谓鱼脍其实就是生鱼片，把鱼肉切得极细极薄，然后蘸调料吃。鱼脍最重要的是选料和刀功，原料中，最适宜做鱼脍的是鲻鱼和鲈鱼，刀功则更为讲究，孔子“脍不厌细”所要表达的意思就是切得越细越好，善做鱼脍的高手能将生鱼片切得薄如蝉翼，入口即化。梅尧臣家的婢女想必刀功确实不错，她能将鱼肉切成叶片一般厚薄，不过最妙的却是她用橙切成碎末，以汁淋鱼，借橙之香点染鱼之鲜。

橙是气味挥发性的水果，在屋里剖开一个橙子，往往橙香满室。我很喜欢这种来自植物果实芬芳的气息，记得在酒吧里曾经小口啜饮过一种杜松子酒，入口全是植物的芬芳，不过那种芬芳类似松针散发出的气息，清淡而又悠远。

俄罗斯的菜式也有异曲同工之妙，那是在普京的前妻柳德米拉所著的《弗拉基米尔·普京：通向权力之路》一书看到的，柳德米拉说她很爱给丈夫熬橙子鱼汤，接下来的这段文字琐碎却充满了爱意：

> 剪下梭鲈鱼和狗鱼的头、尾巴、鳍，用冷水熬成清汤，鱼肉则切成若干小块，往清汤里放进一个切成片的胡萝卜和洋葱头，将熬得的清汤过滤，扔掉葱头、鳍和鱼头、鱼尾，再往里面放一斤切成块的土豆，放盐，过五至七分钟，待土豆煮熟后再把鱼肉块放进汤里。等鱼煮好后，往锅里打进两个鸡蛋，在清汤时搅和搅和。最后将锅从灶上拿下，往做好的汤里放些月桂叶和橙子片，再放些切得细细的土茴香和洋芹菜，盖上锅盖让汤泡上半个小时。

这哪像一个总统妻子的文字啊，不如说一个称职的厨娘口述的菜谱，在她的叙述中，我似乎看到柳德米拉系着素淡的围裙，时不时地注视墙上的挂钟，为她亲爱的普京精确地烹制橙子鱼汤。我猜想这道橙子鱼汤味道一如俄罗斯本地的伏特加酒，是浓烈的，但妙处却在起锅时放入的橙子片，在这道庸常的菜里，画龙点睛似的，勾勒出了丝丝清新。

这是与俄罗斯宫廷有关的橙子的故事，但我更喜欢中国古代宫廷有关橙子的故事，带着一抹冶艳的诗意，一如盛唐时宫廷贵妇所着的俏丽的抹胸，有着一种旁逸斜出的美。

先说一个有些悲情的故事吧，依然与唐玄宗有关，玄宗开始宠爱的是武惠妃，玄宗爱武惠妃娇媚，爱她杏子般的脸、桃花般的双颊，她带给玄宗的是春光般的明媚。奈何红颜薄命，武惠妃死后，玄宗异常悲悼，开始信起方士来，并命高力士出使江南时搜访美女。高力士沿途留意，未见有合心意的。后力士辗转来到莆田县，才选得江南秀女江采苹进奉。江采苹生得丰神楚楚，能诗善赋，不喜铅华，淡妆雅服，唯爱梅花，所居处遍植梅花，梅开季节，午夜时分仍徘徊在花下，不肯离去。

玄宗因她所好，称其为梅妃。梅妃还极富文

采，她曾撰写箫、兰、梨园、梅花、风笛、玻盂、剪刀、绮窗八赋，无不工妙。玄宗恩宠有加。一日，玄宗在梅亭宴请诸王，梅妃侍坐。饮至数巡，为助酒兴，梅妃起身吹白玉笛，曲调悠扬婉转，吹毕，又做惊鸿之舞，梅妃体态轻盈，纤腰一束，诸王看得目眩神迷。舞罢，玄宗命梅妃破橙醒酒，遍赐诸王，至汉王时，王微醺，接橙时踢着了梅妃的绣鞋，唐突了佳人。妃大怒，顿时转回宫去。玄宗命内侍连番宣召，梅妃只是不肯来，回说鞋珠脱缀，缀后就来。那夜直至酒阑席散，妃始终未至。玄宗亲去探视，妃却已入睡。

梅妃就是这般气性褊狭，柔美的外表下是刚硬的内里，她不懂得逢迎，她输给杨妃，决非输在姿色或才情，而是在杨妃百媚千娇、百转千回前败下阵来。在那次破橙为诸王醒酒时，就为她今后失宠埋下了隐线。此后安史之乱时，玄宗只记得携带杨妃的亲眷出逃，单单忘却了梅妃。梅妃死于乱军之中，埋骨在太液池下，一抔黄土掩尽风流。

接下来再说一个浓情的故事吧。这段逸事在宋人张端义的《贵耳集》里曾有记叙。

宋徽宗爱上了坊间的名妓李师师，他去看望

李师师时，便带上了进奉给御上享用的橙子，正值周邦彦在李师师屋里，慌不择路，便躲进了房间的床下。在床下，他有幸见到了宋徽宗与李师师繁盛的情事，他记录了下来，也同时记录下了大宋嘉年华——简直有着一种现代文明的味道，并把这段浓情永远地凝固在我们念想中，这就是他的《少年游》：

并刀如水，吴盐胜雪，纤手破新橙。
锦幄初温，兽烟不断，相对坐调笙。

低声问，向谁行宿？城上已三更。
马滑霜浓，不如休去，直是少人行。

词中所谓的并刀，在唐代就已闻名遐迩，产于河东并州，小巧精致，玲珑美观，在评书中常听到“削铁如泥，吹毛立断”的词来形容刀锋之利，虽有夸张之嫌，但形容并州的刀剪却并不为过。杜甫更有：“焉得并州快剪刀，剪取吴淞半江水”之佳句，想象之奇特瑰丽不下于李白的“白发三千丈，缘愁似个长”。

而吴地产的盐亦是当时上品，用刀剥下橙皮

后，将橙分成瓣，浸盐而食，据说此种吃法风味尤佳。

让我们一起来到这间温暖的屋子里吧，我们看见，有个美丽而又大胆的女子，欲留宿自己心上人，通过破橙、熏香、温被、调笙一系列温情脉脉的动作，风情便如红烛般摇曳，这样的夜晚可以用缱绻、滟潋、旖旎、撩人一类的词来形容，然后她情话喁喁：三更天，霜浓，路滑，行人渐稀，这么深的夜了，留下来好吗？

顺带说一句，周邦彦是宋徽宗时的金牌词曲作家，他不仅填得一手好词，更精于音律，他填词并作曲的《拜月星慢》《玲珑四犯》等曲目，在宋朝全国十几年传唱不衰。艺术成就最高的莫过于这阕《少年游》了。

读完《少年游》后，我再也忘不了的是那翠袖围香、鲛绡笼玉、有着神仙体态的李师师，她用她的纤纤素手为我们剖开了一个芬芳的橙子，芳香四溢，经久不散。

藏身在我每个念想里

爱情如此玄妙，令人欲罢还休，以致爱情成了文人笔下的最爱。有一句大俗话是：女追男，隔层纱；男追女，隔座山。我倒不认同这句话，爱情的得来容易与否，绝对与性别无关。爱情用一句最浅近的话来表述，不过是在合适的时间遇到合适的人。或许是在稠人广众中的偶遇，一见倾情；或许是雨中的一次漫步；或许是天长日久的耳鬓厮磨，情愫如墙角的花朵暗暗萌生。爱情的出现本无一定的公式、一定的套路可循，它类似于艺术家的灵感，不受门第、年龄、容貌、受教育程度，甚至是生死界线阻隔，在瞬间如焰火般绚烂绽放。

比如查尔斯王子在迎娶了美丽的黛安娜王妃后，他依然深爱卡米拉，虽然卡米拉曾拒绝过他的求婚，他却爱她二十年。卡米拉的长相、仪态及服饰屡受公众媒体批评，但查尔斯王子常常拨打着电话倾吐相思，还为她写下情意缠绵的信：我愿做你的卫生棉条。

英伦三岛盛产绅士，在那个礼仪之邦，有着足够肥沃的土壤培育浪漫爱情花朵。那么，在中国呢？在这个有着几千年文化传承的国度，一样有爱情存在我们的心中，它穿越了几千年的风尘，虽经漫长岁月的打磨，却丝毫不见褪色，依旧璀璨夺目，摄人心魄。

这是一个关于皇室的故事：宋真宗的原配妻子和即位后所立的郭皇后都已病故，其后中宫多年虚位。在众多的嫔妃中，真宗属意的是刘德妃，德妃名唤刘娥，四川成都人，出身微贱，是个孤女，十来岁就嫁给当地的银匠龚美。龚美走街串巷为人打造银器，她就摇拨浪鼓招徕顾客。雍熙初年，龚美夫妻一齐来到京城，真宗当时封为襄王，他的神女梦就是想娶个川妹子，他一向认为蜀地女子多慧才，而龚美因为贫寒亦欲将刘娥改嫁，经襄王府给事张耆介绍，刘娥一入王府，就大受宠爱，这年她年仅十五岁。太宗知道此事，令其子将刘娥逐出王府，此时真宗已割舍不得，便让她寄居在张耆家。十来年后，直到太宗去世真宗才将她接回重圆鸳梦，其后，她在后宫的地位升迁很快。真宗打算立她为皇后时遭到大臣激烈反对，但真宗仍力排众议。刘娥没有娘家亲族，便以前夫龚美为兄弟，改姓刘氏。谁又能说“侯门一入深似海，从此萧郎是路人”呢？

这就对了，我想象中的爱情就应该是这样的：爱他（或她）的现在，对他（或她）的前尘往事毫不介怀，更展望与他（或她）的将来，希望与之携手共同走完人生路，无论将来是尊荣还是卑微，是贫穷还是富有，是疾病还是健康，不离不弃。西方教堂婚礼常常有诸如此类的庄重盟誓。我认为这涵盖了爱情的全部。

爱情是人类最美丽的情愫之一，但并非谁都能尽情享有爱情甜美的果实，更多的却是爱得吃力，费力不讨好。

先举两个小例子吧，用以证明女追男并非如隔层纱般轻巧简单。

林纾，福建人，使之名传下来的绝不是因他的狷介，而是他不懂法文，由他人口述，他挥笔急就的《茶花女》，林纾因此声名大噪。《茶花女》流传之广远远超出他的意料，他的译作使得北京八大胡同名妓谢蝶仙被深深打动，她想嫁给他，于是买通林纾家使女，频繁送一些小礼物给林纾以示心意，便如咬了一口的柿饼、新鲜的鲥鱼，等等，林纾犹豫了许久，最终还是婉言拒绝，因彼时的他已至耄耋之年，倚红偎翠只是个遥远的梦想。谢蝶仙在一怒之下远嫁岭南茶商。

不过在我眼里，谢蝶仙倒也俏皮有趣，这种古老的撩拨手法潘金莲也曾用过，且看《水浒》中的这段描述，有着整部《水浒》中绝无仅有的绮丽。

故事发生在十一月的山东阳谷县。那日，朔风紧起，大雪纷飞，春心萌动的潘金莲将武大赶出去做炊饼买卖。央间壁王婆买下酒肉，在武松房里簇了一盆炭火，自己冷冷清清地立在帘下等着，只见那武松踏着乱琼碎玉归来，潘氏益发殷勤，她撩开帘子，带着几分娇嗔与武松说：叔叔寒冷，叔叔向火。武松进得门来，潘氏细心地将门户闩好，搬了丰富的食物进得武松房间。潘氏暖了一注子酒，为武二斟酒，两人对饮，潘氏怨武二衣衫单薄，武二只不做声，潘氏于是又筛了一盏酒，凑在杯沿上，浅浅啜了一口，剩了大半盏，星眼迷离，开始了她的撩拨："叔叔若有心，吃了我这半盏残酒。”

这种撩拨虽然笨拙，相信对大部分的男人都是有效的，但武二的反应却令潘氏意外：只见他劈手夺了酒，泼在地上，睚眦欲裂，将潘氏推得趔趄不止，话也说得令人心寒齿冷：“嫂嫂休要这般不识廉耻。”

这潘金莲虽后来与西门庆私通，为日后的长相厮守，鸩杀了亲夫武大，背负了千古骂名，但她原也并非淫妇。《水浒传》中曾描述潘金莲，简约到了只有四个字：“生得妖娆”，西门庆被她的叉竿打着了，正待发作，抬眼望见她，骨头却酥了半边，可想而知潘金莲的美貌。这样的女子，却嫁了卖炊饼的三寸丁谷树皮武大，心中委屈怨恨可想而知。之所以沦落至此，只不过是因潘金莲原在清河县大户人家做使女，大户对她纠缠不休，她屡不肯依，还向大户老婆告状，大户记恨她，贴嫁妆把她许给武大。直到武二突兀出现，潘金莲蕴藏已久的爱情终于喷薄而出。

令人惋惜的是，武二和林纾都不肯入彀中，这精心设置的局无疑是白费心思，这就好比一个女子盛装出席，却无人注目，又好比喜剧演员在台上乐得前仰后合，而台下却漠然一片。武二的微妙的心情已无从探知，林纾呢，收到咬了一口的柿饼会是何种心情？以我之心猜度，那块残了的柿饼应该是舍不得吃吧，即便是长了霉也要搁在橱柜里，以见证谢蝶仙的绵绵情意。

谈及武松，我便想起了《水浒》中另一个重要的人物：宋江。宋江在江湖上人称及时雨，以忠义见长，在水泊梁山一呼百诺，万众仰慕的头领，单单被爱情遗忘。若说男追女隔座山，那么宋江却是隔得千山万水，不得其门而入。

宋江在郓城县衙当差时，不过是个低级刀笔小吏，但他满腹经纶，胸有丘壑，本欲以科举求功名，奈何命运之神不肯眷顾，连考数场，却总是名落孙山。

古代文人从小受儒家修身齐家治国平天下的思想熏陶，身怀治国安邦的政治理想，“一生襟抱未曾开”被视为人生最大失败。这就是宋江在梁山泊落草为寇成了气候，且大宋风雨飘摇，依然要被朝廷招安的原因所在。

宋江之所以走上落草为寇这条不归路，只因一个女子——阎婆惜。这女子原是路岐人，唱得好曲儿。所谓路岐人就是指在街头坊间卖艺的民间艺人。在阎婆惜母女最潦倒的时候，宋江在郓城西巷的楼房里置办了家伙什物，将母女俩安置了下来，不过半月光景，十八岁的阎婆惜满头珠翠，遍体绫罗，端的是个妙人儿！施耐庵忍不住在《水浒》里专为她做了一阕词来赞美她的风姿：

> 花容袅娜，玉质娉婷。髻横一片乌云，眉扫半弯新月。金莲窄窄，湘裙微露不胜情；玉笋纤纤，翠袖半笼无限意。星眼深如点漆，酥胸真似截肪。金屋美人离御苑，蕊珠仙子下尘寰。

这词中连用两个典故，所谓金屋美人指的是汉武帝的皇后陈阿娇，武帝年少爱他，对他的姑姑馆陶长公主说："若得阿娇，当金屋贮之。"后世遂衍为"金屋藏娇"这一成语，可想阿娇的美貌及当年的备受恩宠，当然其后阿娇失宠那是后话暂且不提。而蕊珠指的是五代时苏州色艺冠绝一时的肖蕊珠，青楼行院为了讨好彩头，常以蕊珠命名。

这样一个妙人儿当然不会爱上黑矮肥胖的宋江，她爱的是宋江同房押司张文远，张押司风流俊俏，品竹调笙，无有不会。

宋江于是杀了这身在曹营心在汉的婆姨，此后的宋江四处躲藏。在浔阳楼，酒保上了一樽酒，名字非常旖旎：蓝桥风月。这酒唤起了宋江的愁绪，不过这愁绪却是与风月无关的。宋江在墙头题了一阕《西江月》和一首七绝：

自幼曾攻经史，长成亦有权谋，恰如猛虎卧荒丘，潜伏爪牙忍受。

不幸刺文双颊，那堪配在江州，他年若得报冤仇，血染浔阳江口。

心在山东身在吴，飘蓬江海漫嗟吁，他时若遂凌云志，敢笑黄巢不丈夫。

也就是这诗词，引发官府追捕，令宋江走上了落草为寇的不归路。

梁山泊做大后，成了朝廷的一根不得不拔的刺。即便是具备了与朝廷抗衡的实力，宋江依然期待效忠朝廷，为招安一事他专程来到了京师，他拜访了当朝天子最心爱的人——李师师，李师师在宋江的招安中起了穿针引线的关键作用。

且看宋江呈给李师师用以明志的词《念奴娇》：

天南地北，问乾坤，何处可容狂客？借得山东烟水寨，来买凤城春色。翠袖围香，绛绡笼雪，一笑千金值。神仙体态，薄幸如何消得！

回想芦叶滩头，蓼花汀畔，皓月空凝碧。六六雁行连八九，只待金鸡消息。义胆包天，忠肝盖地，四海无人识，离愁万种，醉乡一夜白头。

这阕词大气磅礴，又风雅无边，极具艺术欣赏价值。上半阕表达的是在梁山泊落草为寇的无奈，话锋一转，转而又恭维起李师师的神仙体态，表达对李师师的爱恋之情。这种爱恋不是触手可及的，而是白云在青天，可望不可即的。我认为这恭维及爱恋表达得巧妙至极，放眼唐诗宋词，唯有李白的“生不愿封万户侯，但愿一识韩荆州”可与之媲美。下半阕表达的是招安不遂、报国无门的惆怅。对美人的赞赏与对国家的忠诚在词中水乳交融，相得益彰，宋江斐然的文才、非凡的气度略见一斑，

宋江远非在小说话本里塑造的那个愚忠的造反头目，矮且胖的黑三郎。颂圣文化既不发轫于

宋江，更不可能终结于此，那首呈给李师师用以明志的《念奴娇》，意外地将颂圣文化推至艺术的巅峰，泱泱数千年竟无人能及。施耐庵由此轻蔑了宋江：《水浒》原本就不是写给君王看的，不过是部自相矛盾且意旨纠缠的荡寇志。然而纵是文章千古事，亦不过帘外一阵风而已，不过是帘内听风的人兀自心动，譬如《水浒传》自序："薄暮篱落之下，五更卧被之中，垂首捻带之际，皆有所遇矣。"

然而如此襟怀的宋江，通晓风月的宋江，依然无法博得美人的青睐，令人徒然生出许多感慨。

倘若要我总结爱情，我想用一首小孩子们喜欢的诗来表达我的爱情观：

你是孙悟空
分身千万亿
藏身
在我每个念想中

帝王的明堂情结

小时候念《木兰辞》，喜欢它的浅白和朗朗上口，一个孩童可以毫不费力地洞悉全词含义。当念到“归来见天子，天子坐明堂”，心里不由得有了坐在明堂顾盼的欣喜。在孩提时代的想象中，明堂是一座敞亮的、四处有阳光和风自由穿梭的大堂，高大的廊柱外，朵朵蔷薇依墙绽放，阳光成柱形打在地面上，宛如舞台上的追光，里面有无数纤细的微尘在密密游动。

《木兰辞》是流传已久的民歌，人们普遍认为它为北魏鲜卑族民歌，可见早在那时，明堂已深入人心。《逸周书·明堂解第五十五》认为明堂系周公所建。周公在儒家文化史上享有崇高的地位，是儒学的奠基人，他所创制的礼仪文化对中国历史发展产生了深远的影响。故后人理所当然地认为明堂是他建立烦琐礼仪制度的一部分。

明堂其实发轫于黄帝，不过黄帝时称为“合宫”，夏代称为“世室”，商代称为“重屋”，只是到周以后，“明堂”这个称谓才得以正式确认，并形成了明堂制度。这种以明堂为核心，集政治、宗教、宗法、社会形态于一体的制度，是中国古代宗教达到鼎盛的重要标志。

换言之，明堂就是天子居住的地方。天子在这里举行养老尊贤的典礼，在这里举行宴飨、射箭比赛、献俘等仪式，在这里颁布教化、发布政令，在这里召见四方诸侯。到后世，明堂的职能渐渐演变，成了天子祭天祀祖的所在，能在明堂与神明一起共享祭祀的先祖，自然是受后世尊崇的帝王。这就导致帝王挥之不去的明堂情结。

汉武帝初年，就想在长安城南恢复明堂，因祖母窦太后独尊黄老之术排斥儒学只得暂时隐忍。汉武帝封禅泰山后，旧念又起，想仿照古代传统修建明堂，但士大夫及儒生们议论纷然，终是无人能说清其具体样式。投机取巧的方士公玉带认为机会来了，献上了一张黄帝时期的明堂图：图中有一宫殿，四面无壁，以茅草为盖，四周环水。

汉武帝就照这张图，修建了明堂。据后世考证，认为这张黄帝明堂图其实是公玉带伪造的。尽管如此，汉代以后，历代王朝所建明堂，基本上沿袭了这一模式。宫殿上圆下方，四周环水，在古代，这样的设计蕴含着神秘的意义。东汉桓谭解释了这一意义："天称明，所以命名曰明堂。上圆法天，下方法地，八窗法八风，四达法四时，九室法九州，十二座法十二月，三十六户法三十六雨，七十二牖法七十二风。"

明堂设计其实体现了传统文化中天人合一的思想，也体现了建筑与自然和谐相处、互为呼应的理念，而这种思想和理念是从文化角度对科学的一种平衡和校正，是美学价值和对心灵抚慰价值的统一。但遗憾的是，随着现代文明的进程，堪舆学说日渐式微，精通堪舆之术的人被认为是江湖术士一流，堪舆也被简单地斥之为看风水，归入封建迷信。

如今，汉武帝时的明堂已无迹可寻，但安徽岳西县内还有处绝佳风景，名唤明堂山。明堂山之得名缘于公元前 106 年，汉武帝封禅归来，登临天柱山时，将天柱山封为"南岳"，并设祭拜"明堂"于明堂山。因明堂山与天柱山相隔仅百里，距离之近，宛如一对公婆，当地人戏称天柱山为公山，明堂山为母山。

有汉以后，董卓之乱，晋室南迁，中国陷入群雄逐鹿、战火纷飞的年代，明堂从这段史书中消失了踪迹。直至隋朝，明堂又被重新提上了议事日程。隋文帝开皇年间，宇文恺依《月令》绘制了明堂图样，因诸儒对明堂规制争论不定而搁浅。隋炀帝时，宇文恺又献明堂图样及议状，但因迁都兴役只得作罢。明堂情结只成了短促的隋王朝一个未竟的梦想、一声苍凉的叹息。

到了唐代，太宗、高宗都曾组织群臣讨论过建造明堂的事，因群议未决而搁浅。当然除此之外，还有一些其他的因素：如太宗本身崇尚简朴，当朝还爆发了中朝战争，令太宗无暇旁顾；而高宗朝遭遇了礼制定调的问题，时逢长孙无忌与许敬宗之间新旧权力交替的交锋期，争夺对礼制的解释权成了制约明堂兴建的瓶颈，这样的对峙延续到武则天执政时期。武则天为稳固统治，期待通过修建明堂展示她统治的合法性，在垂拱三年（公元687）春，武则天力排众议，指定由男宠薛怀义主持，动用了数万人，毁掉乾元殿，就地修建明堂。次年正月五日，不到一年时间，这座规模空前盛大的明堂宣告竣工。

据《资治通鉴》《旧唐书》等记载，明堂高294尺，东西南北各300尺，换成今天的计量单位，相当于高91.14米，周长93米。明堂由上、中、下3层组成，下层4门8窗；中层圆盖，外为圆盘，9龙捧之；上层也是圆盖顶，上置铁凤，以黄金饰之，势若飞翥。而基底为八面。

武则天对之非常满意，并命名为万象神宫。万象神宫从落成起就成为万众瞩目的焦点：一凤驭在九龙之上的独特设计彻底颠覆了中国传统男权至上的观念，它毫不隐讳地表达了武则天称帝的勃勃野心。此外，万象神宫雄伟的气势，高超的工艺更是令世人赞叹不已，左史刘允济在《明堂赋》写道："下临星雨，傍控烟霜。翔鹍坠于层极，宛虹拖于游梁。昆山之玉楼偃蹇，曾何仿佛；沧海之银宫焕烂，安足翱翔！"（《全唐文》卷一百六十四）

这座煊煌的明堂与武则天的大周政权一样几经曲折。明堂几度失火焚毁，又如浴火凤凰般，几度在原址上重新修建。由此可以体察到，明堂这个象征着至高无上皇权的建筑在武则天心中的分量。

在武则天执政期间，万象神宫一直作为武周王朝的政治中心，武则天不仅在这里完成了登基仪式，且每年在这里举行祭天地的仪式，同时迎接各地使节。并以万象神宫为辐射，先后下旨修建了天堂、贞观殿、武成殿等一系列建筑，洛阳因之呈现一派繁盛景象。武则天还将自己登基的“则天门”改名为“应天门”，暗喻自己称帝是顺应天意。这座证明武则天政权合法性的建筑，在武则天执政期间始终屹立不倒，风采卓绝。

当时光踩着纤巧的足步迈过千年，这座规模宏大的明堂在历史深处已变得漫漶不清。然而一如武则天生前死后缔造了无数的传奇一样，千年沉寂之后，万象神宫又奇迹般地重见天日。

那是在1986年，洛阳市准备修建市公交公司的大楼，地址选在了中州路和定鼎路之间。一日，施工队挖到一处老房子的地基时，一名施工人员忽然发现了深埋土中的古砖墙，当他拨去浮土，一段略有些弧度的古砖墙渐渐呈现在人们的视线中。洛阳市因此组织了专业的发掘，历经几个昼夜的清理，整个建筑遗迹终于清晰地呈现在世人的面前。

发掘出来的万象神宫遗址早已不复原有的盛

大风采，只有尚未风化的巨石、蔓生的杂草在风中沉默，黄昏来时，夕阳收起了最后一线残晖，历史的沧桑像暗夜里的箫声，令人凉意顿生。

芬芳与爱情

在某一天夜里，见一群人围坐在茶几边泡工夫茶，那茶被沸水逗引得馥郁芬芳，满室都有些蓬荜生辉的意思，骤然引发了我诗意的联想，令我想起了一些久远的故事，它们都与芬芳有关，它们秘密地埋藏在书页里，等候我的阅读。

史上最芬芳的男人，莫过于三国荀彧——曹操的首席谋士——他带着匡扶汉室的理想辅佐曹操，他向曹操提出三大纲领："奉主上以从民望、秉至公以服雄杰、扶弘义以致英俊"，均被曹操采纳，但终还是与曹操泾渭分明，被曹操赐药自尽。青史留下的不仅有荀彧对汉室的忠诚及才名，更有的是他的衣香。据《襄阳记》载：荀令至人家，坐处三日香气不歇，因有留香之说。

顺带说一句，暗香浮动亦是魏晋南北朝时名

士的标志之一，他们需要用香炉来熏衣服。黄庭坚的“露湿何郎试汤饼，日烘荀令炷炉香”描述的正是此事。但衣香如何如此持久，李商隐曾疑心荀家中的熏炉需要频繁地更换香料（“荀令熏炉更换香”《早梅》）。但我却认为荀令衣香三日不散有两种可能：一是佩戴香囊，方法简便，同时也是漂亮的饰物。《世说新语》说：“谢遏年少时，好著紫罗香囊垂复手。”与傅粉的风气仅仅限于魏晋南北朝名士不同，佩戴香囊的习惯一直延续到清代，在《红楼梦》里，黛玉生气就铰了给宝玉做的香袋。

二是使用了西域奇香，《晋书·贾充传》中有记载：“时西域有贡奇香，一著人则经月不歇。”关于这西域奇香，引发了一个故事，据《世说新语·惑溺》载：“韩寿美姿容。贾充辟为司空掾。充少女贾午见而悦之，使侍婢潜通音问，厚相赠结，寿逾垣与之通。午窃充御赐西域奇香赠寿。充僚属闻其香气，告于充。充乃考问女之左右，具以状对。充秘之，遂以女妻寿。”

这段简单的文字其实讲述的是爱情，在千年之后，我们仍可以触碰到它的活色生香：西晋重臣贾充，小女儿名唤贾午，贾充在家中宴请僚属时，贾午从幕帐后偷偷张望，对韩寿一见钟情。于是遣侍女去韩寿处诉说衷情，夜里，韩寿来到贾府，翻墙而过，在侍女的指引下，在贾午卧室翻云覆雨，贾府一无所知，只有贾充感觉小女儿“悦畅异于往日”，却猜不透个中缘由。东窗事发只缘于这西域奇香，当时的西域向晋朝皇帝进贡了一种奇特的香料，涂在身上，一月香气不散，皇上只将它赐给了包括贾充在内的朝中几个重臣，而贾午却将奇香偷偷送给了韩寿，韩寿少年心性，当下就用了，贾充的僚属闻到香气，告诉了贾充，联想到女儿的异于往日的畅悦，贾充拷问了贾午的侍女，于是真相大白，这个爱情故事是以皆大欢喜为结局的：贾充将女儿许配给了韩寿。

很喜欢这样的故事，在我的心中，芬芳与爱情是相辅相成的，如果爱情是一朵甜美的花，那么芬芳就是爱情的气味。

明末清初，在这个动荡的年代，亦开出了一朵芬芳的爱情之花。只是在这样的时代背景下，董小宛与冒辟疆的爱情也不可避免地烙上了悲情的印记，即使如此，在静谧的夜里，也有过一段关于熏香的纯美：那夜有些微凉，夜风从窗棂潜入，窗上的轻纱做的帘摇曳生姿，董小宛和冒辟疆静坐香阁，细品名香，且看《影梅庵忆语》中的记述：“历半夜，一香凝然，不焦不竭，郁勃氤氲，纯是糖结。热香间有梅英半舒，荷鹅梨蜜脾之气，静参鼻观。忆年来共恋此味此境，恒要晓钟未著枕，与姬细想闺怨，有斜倚薰篮，拨尽寒炉之苦，我两人如在蕊珠众香深处，令人与香气俱散矣。”

好一段清丽的文字，与这段清丽文字一起流传下来的，是清丽的董小宛。

夏日赏月，他们将竹榻随着月光移动，只为全面地领略月的美，董小宛说他最爱李贺的“月漉漉，烟波玉”，漉漉是潮湿的样子，月光如水吗？还是泪眼看月，月在泪光中变得潮湿，支离破碎？月又是如此皎洁、虚幻，像玉上笼罩了一层轻纱般的烟雾，“但愿人长久”永远只能是一个美好的心愿。

秋天赏菊，董小宛高烧翠烛，人在花影最参差妙丽处，问冒郎：菊之意态如何，其如人瘦何？

关于爱情的芬芳，我还想起南唐的君主李煜，他宠爱小周后，爱到无以复加的地步，就在她居住的柔仪殿中熏香。

小周后对焚香甚是喜爱，制造了种种的焚香

器具，有子莲、三云凤、折腰狮子、小三神山互字、玉太古、容华鼎等几十种名目，其中焚烧的香料也是南唐宫中特制的，先取丁香、栈香、檀香、麝香各一两，甲香三两，研成细末，再加入十枚梨汁调均，以文火焙干，才制造出这上等的香料。他们每天垂帘焚香，满殿氤氲，坐在其中，如在云雾里面，仿若神仙。在此基础上，小周后还发明了用鹅梨蒸沉香，放在帐中，既无烟焰熏灼之患，又沁人心脾，令人心醉，特别是采用此法蒸过的沉香遇到人的汗气，便变成一种甜香。小周后将此称作“帐中香”。

较之薰香，李煜更爱自然清新的花香，于是他令宫人们在宫殿的周围广种鲜花，甚至在宫殿的墙壁上，也开出各种隔子，种上奇花异草，在梁栋上、柱子上、台阶上，无处不种植着芬芳的花儿。

容颜也如花儿般美丽的小周后非常喜欢绿色，所穿衣服，都尚青碧，她的衣服与周围的环境是如此相得益彰，当她穿着青碧绿的裙裳从姹紫嫣红的花丛中款款行来，更觉摇曳风生，恍若仙子。妃嫔宫人纷纷效仿，有一个宫人，染成一匹绢，晒在苑内，夜间忘了收取，为露水所沾，第二天一看，色泽分外鲜明，李煜与小周后见了，齐声称美，于是妃嫔宫人，都收露水，染碧为衣，李煜还为这种碧色丝绢起了一个名字，叫天水碧。恋爱中的李煜是如此沉醉闺阁情事，他还在妃嫔宫人的装束上，想了一种新鲜饰品，用速阳进贡的茶油花子，制成花饼，或大或小，形状各别，令妃嫔宫女淡妆素服，缕金于脸，用这花饼装点在额上，称之为百花妆。一群群宫女，都穿缟衣素裳，鬓列金饰，额施花饼，行走起来，远远望去好似广寒仙子一般。李煜和小周后就在这广寒宫中，在亡国的前夕，纵情沉醉在爱情的芬芳里。

这些关于薰香的文字读来令人齿颊留芳，但朱彝尊所描绘的芬芳则大异其趣，别有一番动人心处：在朱彝尊的《沁园春·乳》中写道："隐约兰胸，菽发初匀，脂凝暗香。"好一个暗香，这是与薰香无关的，是来自心爱女人身体天然的芬芳。

朱彝尊是清代词人、学者。曾参加纂修《明史》。学识渊博，著述甚丰，十七岁时入赘冯家娶十五岁的冯福贞为妻，当时妻妹冯寿常十岁。冯寿常一天天长大到了待嫁之年，朱彝尊与冯寿常日久生情。但在世俗伦理的压力下，两人唯有抑制自己的情感，朱彝尊把冯寿常送嫁到夫家，欲爱不能的痛苦折磨着彼此。冯寿常于三十二岁因病故去，朱彝尊悲痛之余创作了著名的长诗《风怀二百韵》感怀这一段情缘。晚年自编文集时，“欲删未忍，至绕几回旋，终夜不寐”力排众议，决定宁可身后不得配享孔庙，也决不删掉《风怀二百韵》。

在《风怀二百韵》里，依稀可以寻到他们爱恋的芬芳：

小小春情先漏泄，爱绾同心结。唤作莫愁愁不绝，须未是、愁时节。

才学避人帘半揭，也解秋波瞥。篆缕难烧心字灭。且拜了、初三月。

这阕《四合香》将少女情窦初开的心理状态描绘得入木三分。

而在《金缕曲》中，这对情人早已情深似海：

枕上闲商略。记全家、元夜看灯，小楼帘幕。暗里横梯听点屐，知是潜回香阁。险把个，玉清追着。径仄春衣风渐逼，惹钗横、翠凤都惊落。三里雾，旋迷却。

星桥路返填河鹊。算天孙、已嫁经年，夜情难度。走近合欢床上坐，谁料香含红萼。又两暑三霜分索。绿叶清阴看总好，也不须、频悔当时错。且莫负，晓云约。

彼时的朱彝尊泪流满面，万念俱灰，相思如影随身，如蛆附骨，牢牢地跟随着他，须臾不曾离开。

盛大的皇家出行

我喜欢有关西方宫廷的故事，在我的想象中，那些巍峨的皇宫就像安徒生在童话中描述的那样饶有诗意：常青藤细密地攀爬在宫墙上，各种颜色美丽的花儿像地毡一般铺了遍地。我还喜欢他们盛大的皇家出行，穿着红或白色礼服的兵士们戴着雪白的手套，吹奏着雄壮的管弦乐，看上去花团锦簇。我最欣赏的一次皇家出行是爱德华八世在皇家海军驱逐舰的护送下越过浩瀚的海洋。

爱德华八世于 1936 年初其父身亡后继承皇位，并马上宣布要迎娶沃丽丝。他的决定遭到了侍臣们的一致反对，而爱德华八世表示，为了娶沃丽丝他宁愿退位。而沃丽丝，不过是美国一个声名狼藉的平民寡妇。

年底，尚未加冕的爱德华八世发表告别演说，几个小时后，他便离开英国出发去寻找他心爱的沃丽丝。于是有了这次著名的海上航行。这是我看到的最富激情和浪漫气息的皇家出行，幽蓝的海洋被驱逐舰犁开，浪花像成熟的稻穗般一排排地匍匐，在浩瀚海洋上飞驰的爱德华八世该怀揣着怎样一份柔软又有着厚实质感的爱情啊！这个传奇故事是近代版本灰姑娘童话的再现。

张爱玲也描述过盛大的皇家出行："帝王攒珠嵌宝的车子，路人向里窥探了一下，身上的香气经月不散。"只是灵气逼人的张爱玲犀利地指出了那富贵背后隐藏的凄怆："那不过是迷离惝恍的戏台的辉煌。"

不信你看杨家啊，当年的杨家是多么恩宠备至，杨贵妃的三个姊妹都有才貌，大姨封韩国夫人，三姨封虢国夫人，八姨封秦国夫人，都为李隆基所宠爱，出入宫掖，势倾天下，同曾祖的堂兄杨铦做上鸿胪卿，杨锜做了上侍御史，所赐大宅第和宫禁相毗连。杨家打招呼要办什么事，京兆府和长安、万年两县赶忙奉迎承办，和皇帝的诏敕一样灵验，四方贿赂馈赠，门庭若市。李隆基驾幸骊山华清宫，五家扈从，一家一个队伍，穿上一色的衣服，一路上掉下的花钿、遗下的鞋子，甚至还有瑟瑟珠翠，灿烂耀目，香气不绝。杜甫在他的长诗《丽人行》曾绘声绘色地描述过这一场景：那是在天宝十二载的三月三日，正是踏青的好时节，杨氏姊妹盛装出行，穿着绣了金孔雀和银麒麟的衣服，发髻边插着翡翠的头饰，裙带上缀着珠玉，她们仪态万方，身材匀称。在长安的曲江边，摆下了盛宴，烹饪手艺一流的厨师，极尽奢华的餐具，罕有的山珍海味，皇家却嫌缺乏新意而迟迟不能下箸。

可那又怎样呢？最终六军哗变，君王掩面救不得，杨妃落了个缢死在马嵬坡，花钿委地无人收。此后的唐玄宗空对满窗明月满帘霜，慨叹长生殿中霜月夜，秋来只为一人长。

现实永远没有童话那么温情，撩开皇宫富丽堂皇的面纱，会发现耀眼的金黄色，即便是被权力炙热地灼烤，那金属的质地依旧坚硬地凸现，寒凉彻骨，那种冷，令人性极度地扭曲，一场场剑拔弩张的争斗在后宫一幕幕上演，又一次次如烟火般凋谢，草草谢幕。

还记得客氏吗，她名字很普通，客巴巴，就像一株很不起眼的狗尾巴草一般，可是客氏在古今乳母中无出其右。所谓的乳母用俚俗的话来说就是奶妈，在皇宫里，不过是一个下人。可是客巴巴的出场是如此惊艳，她充任天启帝朱由校的奶妈时有 25 岁了，正值青春貌美，她的脸颊微微泛着桃红色，体态妖娆，她虽然年长朱由校 20 多岁，但她却给了朱由校性的启蒙，她与朱由校，犹如袭人之于宝玉，既有母亲式无微不至的关怀，又有下人对主子的忠实，更有情人般的肌肤相亲。

客氏的惊艳出场在天启元年达到了巅峰状态，前后历时七年，只要是客氏出宫出私宅，必定要先奏告朱由校，朱由校也必定要特意传旨让宫中知晓，内容大致就是某月某天奉圣夫人要回私宅，钦差乾清宫管事若干及暖殿数十员，穿红圆领玉带，在客氏门前摆队步行。

宫中的大太监刘若愚细致地描绘客氏的出行：

客氏盛服靓妆从她居住的咸安宫里款款而出，乘小轿在宫禁里绕行一圈，亦不下轿，带着仆从数百人，都穿着红蟒衣窄袖，文书房官在道旁跪叩迎送，如果有幸被客氏以目视之，或微微点点下颌示意则觉得荣幸无比。轿前提炉数对，点着几千根，灯火簇烈照如白昼，燃烧的沉香如雾般浓烈。到了下马门，客氏再换上八人大围轿，衣服鲜美俨如神仙，人如流水，马若游龙。

可是谁又知道外表光鲜的客氏内心的孤独？入选宫廷奶子府二年后，她的丈夫侯二去世，在漫长的岁月中，她与朱由校渐渐地萌生了畸形的爱，她与朱由校难舍难分，可现实宛如铜墙铁壁一般。朱由校大婚后，朝臣参奏要求圣上将客氏遣出宫去，朱由校再三推托，却奈何不了大臣施加的压力，只得让客氏出宫。客氏出宫仅一天，第二天，朱由校宁肯牺牲皇帝的尊严，传旨内阁：朕长期受到客氏朝夕侍候，一旦客氏离开，没有心思吃饭，从黄昏思念到晚上，痛心不已。无奈啊，只得派人将她召回宫中，希望内阁关照外廷官员，不要对此说三道四。

客氏虽然回到了宫中，皇上也眷恋客氏，可皇上还有着皇后以及众多的妃子们，那些都是经过层层遴选年轻貌美的女子，客氏又如何抵挡得了青春的流逝？客氏扼制不住强烈的嫉妒，后妃有的例份，客氏一定要照单取一份，客氏甚至不能接受妃子们怀上朱由校的孩子，客氏采取种种卑劣的手段加害于她们。

后来，客氏渐渐地灰了心，她和魏忠贤好上了，聊解寂寞，也因为她的帮助，魏忠贤，这个卑微的大字不识的无赖，成了明朝历史上最大的权监。

这一切，随着朱由校的死去，周遭的世界忽然间有了翻天覆地的变化。新君朱由检继位，他毫不留情地剪除魏氏集团，客氏作为成员之一，被押往浣衣局候审，当她路过曾经盛大出行走过的路，往事纷纷扰扰袭上心来：那锦玉装饰的轿子，随从的宫女提着香炉，散发出沉香、龙涎香的缭绕烟雾；还有纱灯、角灯、红蜡烛、黄火炬等，把夜空照耀得如白昼，一路上警戒的呼叫声清澈悠长，几里路外清晰可闻，而今皆成梦幻泡影。

情路崎岖唐玄宗

在《参考消息》中读到了一则人物专访。中国台湾《联合报》记者采访金庸："查先生喜欢以帝王当作小说主角，唐代皇帝中你最想当哪位？"年逾八十的金庸不假思索地回答："我想当唐明皇，因为他的妃子杨贵妃是最漂亮的女人，而且他的一生很快乐。"这个有趣的老头简单直白，却是一语中的。

唐代是一个绮丽的朝代，它奢华、盛大、光彩夺目，饱含着情欲及女子的阴柔之气，又充满了糜烂的气息。而唐代宫廷情事更是一波三折，以唐玄宗最为出彩。

唐玄宗初即位时，作为一个经过宫廷政变夺取政权的青年皇帝，也曾励精图治，广纳贤才，在他的治理下，唐代抵达了鼎盛之巅，史称开元盛世。暮年的玄宗却耽于后宫，纵情声色，疏理朝政。天宝末年，爆发了安史之乱，此后经年，战火连绵，百姓流离失所。唐玄宗被逼退位，名为太上皇，实被当朝天子唐肃宗软禁了起来，不久后郁郁而终。纵观唐玄宗一生，功过参半，虽有荒淫无度的一面，但也不失至情至性。

玄宗与诗人孟浩然有一段世人鲜知的过节。孟浩然少隐鹿门山，年四十方游京师，王维邀其入内署，遇玄宗，浩然奉诏诵诗，有“不才明主弃”之句，诗意其实饱含自谦，但玄宗听后不悦：“卿不求仕，而朕未尝弃卿，奈何诬我?”语毕，拂袖而去。

封建王朝的君主对治下臣民的生死拥有绝对权力，玄宗虽未赐死孟浩然，倒也不刻意打造礼贤下士、胸襟宽广的大圣大明的君主形象。他为诗人的一语之失而怄气，倒与市井俚俗汉子无异。只是苦了孟夫子，一身迂腐气，自此与机缘擦身而过，终身未能出仕。

而玄宗更多被历代文人所关注并反复咏叹的则是他的情路崎岖史。白居易的一曲《长恨歌》将玄宗的爱情故事推向了高潮。

这种超越生死极致的爱，在历朝历代的君主

中，除玄宗外，只怕再难寻到。虽宫中不乏长门孤寂、秋扇抛残的情事，但细细品味玄宗走过的漫漫崎岖情路，就杨妃而言，玄宗却不是薄幸郎君。

玄宗初宠武惠妃，武惠妃生得娇媚，杏脸桃腮，又善承意旨，引得玄宗格外爱怜。武惠妃生寿王瑁，为立寿王为太子，玄宗将太子瑛、鄂王瑶、光王琚贬为庶人，并赐死。

宫廷为立储君常发生杀父弑子、兄弟阋墙的流血政变。血缘本是一种无法选择的亲属关系，更是爱的源头，它来自于生物的本能。玄宗灭绝了这种本能，仅为了满足他所宠爱的蛇蝎妃子的心愿。

武惠妃殁后，玄宗异常悲悼。开始信起方士来，并命高力士出使江南时搜访美女。高力士沿途留意，未见有合心意的。后力士辗转来到莆田县，才选得江南秀女江采苹进奉圣上。江采苹生得丰神楚楚，能诗善赋，不喜铅华，淡妆雅服，唯爱梅花，所居处遍植梅花，梅开季节，午夜时分仍徘徊在花下，不肯离去。只合了诗中意境：

只恐夜深花睡去，故烧高烛照红妆。

玄宗因她所好，称其为梅妃。梅妃曾撰写箫、兰、梨园、梅花、风笛、玻盂、剪刀、绮窗八赋，无不工妙。玄宗恩宠有加。一日，玄宗在梅亭宴请诸王，梅妃侍坐。饮至数巡，为助酒兴，梅妃起身吹白玉笛，曲调悠扬婉转，吹毕，又做惊鸿之舞，梅妃体态轻盈，纤腰一束，诸王看得目眩神迷。舞罢，玄宗命梅妃破橙醒酒，遍赐诸王，至汉王时，王微醺，接橙时踢着了梅妃的绣鞋，唐突了佳人。妃大怒，顿时转回宫去。玄宗命内侍连番宣召，梅妃只是不肯来，回说鞋珠脱缀，缀后就来。那夜直至酒阑席散，妃始终未至。玄宗亲去探视，妃却已入睡。

梅妃气性未免有些褊狭，倒也不乏仁厚的一面。对汉王唐突一事只是托辞，却不肯告诉玄宗具体情由。清曹雪芹所撰《红楼梦》中的林黛玉，品性、体态、容貌、服饰倒有几分与梅妃相似，只是在偌大的宫廷中，梅妃却未遇着一个似宝哥哥那般的，体贴、宽厚地待她的男人。性格铸就了梅妃的命运，她品质高洁不肯同流合污，却不懂逢迎，不善自我保护，日后失宠乃至死于乱军之中，已成必然。

梅妃破橙一事让我想起周邦彦的《少年游》

一词：

> 并刀如水，吴盐胜雪，纤手破新橙。锦幄初温，兽烟不断，相对坐调笙。　　低声问：向谁行宿？城上已三更。马滑霜浓，不如休去，直是少人行。

词中的女子就是宋时艳冠京师的李师师，之所以有这种不相干的联想，是因为词中“纤手破新橙”的句子。不过李师师却是与梅妃南辕北辙的。这首词描绘在一间温暖的屋子里，李师师欲留宿宋徽宗，通过破橙、熏香、温被、调笙一系列温情脉脉的动作，风情便如红烛般摇曳，这样的夜晚可以用缱绻、潋滟、旖旎、撩人一类的词来形容，然后她情话喁喁：“三更天，霜浓，路滑，行人渐稀，这么深的夜了，留下来好吗？”

而梅妃却是矜持的，她外表是柔美的，骨子里却是刚硬的，哪怕对方是君王，一样谢恩不受。而杨妃却常使小性子、吃醋、吵架、赌气回娘家，甚至偷汉子，但杨妃却是百转千回的，百媚千娇的，梅妃输就输在这里。她不明白，有时姿态低一些，看退实进，尤其是在男女情爱中，宛如跳交谊舞，不是男进女退，就是女进男退，步调在不断地变化，角色也在不断地调整，而矜持意味在原地踏步，这舞便跳得索然无味，只能令对方渐行渐远。

此后玄宗与杨泂谈及梅妃，颇有不称心意之处，杨泂见玄宗烦恼，引荐了一个美人儿，由高力士奉旨密召。

被高力士宣召入宫是寿王瑁之妃杨玉环。此时天近黄昏，宫中烛影摇红，阶下月光映采，杨妃面如芙蓉眉如柳叶，绸衣上用金银丝线绣着华丽的花纹，碧玉簪斜插在鬓角，风情万种，妩媚横生，回眸一笑，六宫粉黛皆黯然失色。渐渐的，玄宗就疏淡了梅妃。

李商隐的《龙池》咏的就是这一段往事：

龙池赐酒敞云屏，羯鼓声高众乐停。
夜半宴归宫漏永，薛王沉醉寿王醒。

昔日的龙池，是玄宗与后妃诸王游乐的场所，现在在西安市兴庆公园内，羯鼓，玄宗深爱的一种羯族乐器，南北朝时经西域传入内地。样子如漆桶，下以小牙床承之，击用两杖，鼓声高亢激昂，破空透远，玄宗精通音律，亲自教太常乐工子弟弹奏乐器，命宫女数百人击羯鼓奏《破阵子》等乐曲。玄宗还突发奇想，将榻连起来，训练青海马在榻上合着音律跳舞。

薛王，是玄宗的侄子，寿王，亦即玄宗子李瑁。此诗所揭露的一段难堪而严酷的宫闱史实，杨玉环曾是玄宗的儿媳。夜半宴会散席，诸王打道回府，薛王心中无事喝得醺然大醉，可寿王却彻夜不眠，寿王面对名为母妃的前妻，不仅不能倾诉生离之苦，还要赔笑取悦父王，清醒得无奈而又屈辱。

杨妃与玄宗相好时，时年 28 岁，而玄宗已至花甲之年，在杨妃的面前，玄宗不再是君临天下的皇帝，既像个怕老婆的普通汉子，更像对孩子一味溺爱的父亲。杨妃有肺渴疾，常含着玉鱼儿取凉润津。某日偶患齿痛，玉鱼儿含不得，闷闷地倚坐在窗前。玄宗见她轻颦柳眉，心中更添爱怜，对杨妃道："朕恨不能为妃子分痛呢！"

只是玄宗虽真心恋着杨妃，在这段辉煌的情史中却也有过不尽如人意的小插曲。因杨妃受宠，杨家兄弟姊妹皆受圣上恩泽，权倾朝野，显贵一时。玄宗日日与杨家人欢宴。杨妃的三姊虢国夫人生得美，不施脂粉，素面朝天，别有动人心处。酒酣深处，虢国夫人眼波生媚。玄宗恨不得拥她入怀，一亲芳泽，只因杨妃防范得紧，一时无从下手。在杨妃与安禄山私通之际，玄宗乘隙召进虢国夫人，与她长夜欢娱。

张祜的《集灵台》描写了这一段情事。

虢国夫人承主恩，平明骑马入宫门，
却嫌脂粉污颜色，淡扫蛾眉朝至尊。

诗虽含蓄，却挑露出玄宗与虢国夫人的私情端倪，虢国夫人恃宠进入皇城仍不下马，而是径往宫中骑去。

此后偶一日，玄宗见梅枝憔悴，不禁思念梅妃，召见了梅妃，在与梅妃缱绻缠绵时，被杨妃撞入，杨妃拈酸吃醋，大吵大闹，誓不罢休，玄宗一怒之下将杨妃遣回杨家。杨妃镇日哭泣，茶饭不思，玄宗亦懊丧不已，他放下天子的尊严，又使人将杨妃接回宫中。

后玄宗遣高力士送了一斛珍珠密赐梅妃，以示安抚，梅妃不受，写下《谢赐珍珠》托力士带回：

柳叶双眉久不描，残妆和泪污红绡。
长门自是无梳洗，何必珍珠慰寂寥。

安史之乱时，玄宗带着杨家兄妹仓皇出逃，却把梅妃抛至九霄云外，等再回到长安，忆起梅妃，悬重赏寻找，一直没有音讯，后得知梅妃埋骨在太液池边，玄宗大恸，左右莫能仰视。

因玄宗对杨妃的一味迁就与恩宠，造就了诗人李白的仕途坎坷。唐朝以诗文取士，所以唐朝文化辉煌，涌现大批优秀诗人。以李白尤为卓越。

唐玄宗对李白先扬后弃，其中倒有一段曲曲折折的公案。

时任高官的贺知章读李白诗后，直呼其为谪仙人，并向玄宗引荐。玄宗在金銮殿上召见李白，李白呈入奏颂一篇，令圣上大悦。

春日，沉香亭畔木芍药盛开，玄宗邀杨妃同去赏花，传召李白作新词。李白在酒肆中早已饮得酩酊大醉，及至宫中，做《清平调》三首，其一为：

一枝红艳露凝香，云雨巫山枉断肠。
借问汉宫谁得似？可怜飞燕倚新妆。

虽是绮丽的宫体诗，李白走笔写来，艳而不俗，玄宗与杨妃皆为李白的旷世诗才叹服。高力士却暗藏不满，只因他曾侍奉过李白脱靴，觉得受了屈辱。他私下语之杨妃：李白将杨妃比作赵飞燕，实则暗指杨妃与安禄山仿若当年赵飞燕与宫外男子燕赤凤的私通。

杨妃恼羞成怒，屡次向玄宗进言，说李白纵酒狂歌，有失臣礼，玄宗虽爱李白，却奈何不得杨妃，只得与之疏远，不复入召。李白郁闷可想而知。

在奉召进京前，李白狂妄自许：

仰天大笑出门去，我辈岂是蓬蒿人。

而失意时李白则大呼：

大道如青天，我独不得出。

玄宗与杨妃虽是浓情蜜意，终是好景不长，玄宗的膝下宠儿安禄山叛，潼关失守，玄宗携杨妃西逃，在马嵬坡时，六军哗变，官兵诛杀杨国忠后，又坚请玄宗杀死杨妃，玄宗痛苦万状，万般无奈赐死杨妃。

杨妃死后，玄宗日夜思念，悲伤万分。在奔蜀途中，玄宗老泪纵横，语之乐工张野狐：“剑门一带，鸟啼花落，水绿山青，无非助朕悲悼，叫朕如何排解呢？”行至斜谷口，适值雨季，车上铃声，隔山相应，仿佛是贵妃在唤玄宗：“三郎郎当，郎当郎当。”因玄宗排行第三，所以称其为三郎。我喜欢“三郎”这个称谓，就像寻常百姓家的那些名字：水生、梨花、茶香，虽是家常，却是有声有色的，闻得到花香，听得到水声，平民的日子虽比不得帝王将相的繁花似锦，是平淡琐屑，却是细水长流的，绵延不绝的。

那日雨中断断续续的铃声令玄宗倍加感伤，他亲作了一首曲《雨霖铃》寄托自己的哀思。梨园乐工演奏此曲，玄宗听后常凄然泪下。这就是词牌《雨霖铃》的起源，《雨霖铃》后在宋代词人柳永的笔下，将离愁别绪渲染到了极致。一句“执手相看泪眼，竟无语凝噎”不知引出多少离人泪。

以后，幽居在深宫的玄宗思妃心切，派方士寻觅杨妃魂魄。方士告诉玄宗，他在蓬莱岛上见着了杨妃，杨妃依然倾国倾城，她新睡醒，云鬓半偏，花冠不整，风吹衣袂，恍若仙子，她回忆起七夕乞巧节，玉容备觉寂寞，她的眼泪一点一点落下来。在那个中国古老的情人节深夜，贵妃邀玄宗来到长生殿，月上更敲，烟篆氤氲，烛光灿烂，秋生银汉。玄宗与贵妃双双盟誓："愿生生世世不分离。"

杨妃将金钗半支、钿盒半具托方士转交玄宗，那正是玄宗初召杨妃时所赐的定情之物，只是缺失了一半。

此后的玄宗开始辟谷，其实就是绝食，祈望死后能进入仙境与杨妃再相逢。玄宗临崩前，吹笛数声，曲调悲凄，他语之侍儿："与妃子相见，亦复何恨？"

瞬间千年，千年来，不知道玄宗是否始终与杨妃长相厮守，他们是不是真的进入了仙境，抑或是他们的灵魂轻轻地在空中飘游，双栖双飞。

唯愿兜兜转转之后方觅到真爱的玄宗，饱受情路崎岖之苦的玄宗，与杨妃能如他们祈愿的那般：

在天愿作比翼鸟，在地愿为连理枝，
天长地久有尽时，此恨绵绵无绝期。

身体的诱惑

有一个名叫小刀的缉私警察，在陈小欠24岁生日的时候，为她写了24首诗，其中有一首叫作《画一座房子》的诗非常打动我：

> 我爱/你可愿和我在一起/在这所房子里纠缠，拥抱/慢慢变老/看你安然睡去/一个女子的美没有边疆/集我三千烦恼/集我三千宠爱/呼吸均匀，握紧小拳头/把一条带着体温的河流打开/让我涉水，让我沉没，永远不想上岸/幸福还是原来的眼睛/一只面向大海，一只春暖花开

任谁都可以从诗中看出，陈小欠毫无疑问是他最心爱的女人，通篇写的是对小欠的身体爱恋，

这种爱恋是如此缱绻，令人沉醉，感人至深，使得全诗弥漫着一种温暖的基调。

这种爱恋忽然令我回想起遥远的皇宫，在那金碧辉煌的宫殿里的发生的种种情事……

安知郎口内　含有暖甘香

情事这两个字总令人想起那是在绿荫遍地的夏日，体态曼妙的女子，步态摇曳生姿，她的鬓角横插着一朵肥白而香的桅子花，走过的幽园小径，一路都飘散着浓郁却透出丝丝清气的花香。这曼妙的女子是萧观音。

辽道宗时，耶律乙辛曾写一奏章，该奏章的阅读人系辽道宗本人，参奏之事系皇后萧观音私通伶官赵惟一，其奏章对萧观音情事之描摹铺陈中又有含蓄，文字对人物服饰描绘及心理描绘刻画入微，几近《红楼梦》风格，可谓文采飞扬，字字珠玑。

且看《全辽文》中所录的《奏懿德皇后私伶官疏》：

> 大康元年十二月二十三日，据外直别院宫婢单登及教坊朱顶鹤陈首。本坊伶官赵惟

一向邀结本坊入内承直高长命，以弹筝琵琶，得召入内。沐上恩宠，乃辄干冒禁典，谋懿德皇后御前。忽于咸雍六年九月，驾幸木叶山，惟一公称有懿德皇后旨，召入弹筝，于时皇后以御《回心院》曲十首，付惟一入调。

自辰至酉，调成，皇后向帘下目之，遂隔帘与惟一对弹，及昏，命烛，传命惟一去官服，著绿巾，金抹额，窄袖紫罗衫，珠带乌靴。皇后亦著紫金百凤衫，杏黄金缕裙，上戴百花簪，下穿红凤花靴，召惟一更入内帐，对弹琵琶。

命酒对饮，或饮或弹，至院鼓三下，敕内侍出帐。登时当值帐，不复闻弹饮，但闻笑声，登（侍婢名）亦心动，密从帐外听之，闻后言曰："可对有用郎君。"惟一低声言曰："奴具虽健，小蛇耳，自不敌可汗真龙。"后曰："小猛蛇，却赛真懒龙。"此后但闻惺惺若小儿梦中啼而已……

院鼓四下，后唤登揭帐，曰："惟一醉不起，可为我叫醒。"登叫惟一百遍，始为醒状，乃起，拜辞，后赐金帛一箧，谢恩而出，其后驾还，虽时召见，不敢入帐。

后深情思，因作《十香词》赐惟一。

附：《十香词》

青丝七尺长，挽作内家装，
不知眠枕上，倍觉绿云香。
红绡一幅强，轻阑白玉光，
试开胸探取，尤比颤酥香。
芙蓉失新艳，莲花落故妆，
两般总堪比，可似粉腮香。
蝤蛴那足并，长须学凤凰。
昨夜欢臂上，应惹领边香。
和羹好滋味，送语出宫商。
安知郎口内，含有暖甘香。
非并兼酒气，不是口脂芳。
却疑花解语，风送过来香。
既摘上林蕊，还亲御苑桑，
归来便携手，纤纤春笋香。
凤靴抛含缝，罗袜卸轻霜。
谁将暖白玉，雕出软钩香。
解带色已战，触手心愈忙。
那识罗裙内，销魂别有香。

咳唾百花酿，肌肤百和装。
无非瞰沉水，生得满身香。

该奏章的直接后果就是导致萧皇后被辽道宗赐白绫自尽，可萧皇后对情郎爱慕是如此热烈，他们对弹琵琶，琵琶弦上诉尽相思，情郎与她的倾情一吻，令她口齿余芳。于是她也用自己的身体来诱惑情郎，你看啊，她的七尺青丝绿云一般铺散在枕上，红绡裹着宛如凝脂的酥胸，她的粉嫩的脸蛋比芙蓉还要娇艳，她的纤纤细足软白细腻，春笋一般，当情郎解她的衣带时，慌张得手颤抖不停，可是她的身体却散发着令人销魂的芬芳，这些都构成致命的诱惑。

这不合时宜的爱情萌生在深深的宫殿中，与爱情同时萌生的，还有萧观音如野草般疯长的情欲。萧观音的命运于是有了一个惊心动魄的转变，如同击打在礁石上的浪花，瞬间粉身碎骨，灰飞烟灭。

萧观音事件给了我们某种隐秘的启示：那就是当我们选择一段庸常的生活，我们并不能预知更不能避免在何处潜伏着生活的暗礁，与其如此，不如让激情像灵感一样迸发。

小怜玉体横陈夜

这句香艳无比的诗说的是北齐后主高纬与冯小怜的爱情。

冯小怜原是高纬皇后穆黄花的婢女，女人色衰而爱弛，这在男权社会里是非常老套的故事，穆皇后照例也不能避免，如她名字一样，在高纬眼里已是明日黄花。当时，高纬正宠爱弹得一手好琵琶的曹昭仪，皇后嫉恨曹昭仪，于是将冯小怜送给了高纬，在年中五月五日，一个春意盎然的日子，高纬与冯小怜云雨一番。从此后，高纬就迷恋上了冯小怜。高纬与小怜坐则同席，出则并马，还对她盟誓：愿得生死一处。高纬并非情种，而是一个荒淫无道的君主，但他对冯小怜情有独钟，除了因冯小怜使六宫粉黛无颜色的美貌之外，还因她的能歌善赋、慧黠伶俐，更重要的是，他是如此迷恋冯小怜玲珑浮凹的身体，这女子有着百般的妙处，当她的手在他身体上游走时，他就变成了一架竖琴，琴弦是一触即发的，而她，是最高明的演奏者，每一次撩拨，都令他心跳不已。在呵气成霜的冬天，皇宫肃杀而又寒冷，而小怜的身体却是软且暖的，温香暖玉抱了满怀，而到了炎炎似火的夏日，小怜的却又冰肌玉骨，清凉无汗，纤细的腰身不盈一握。

高纬爱她爱得不知所措，他要让他所有的臣子都知道他的小怜是怎样一个风情万种的尤物，他让冯小怜除去衣衫，裸身躺在隆基殿上，请大臣们来观看。

玉体横陈典故便来源于此，晚唐诗人李商隐因此赋诗：

一笑相倾国便亡，何劳荆棘始堪伤？
小怜玉体横陈夜，已报周师入晋阳。

接下来的故事依然十分老套，无非是红颜祸水。在齐军与周朝两军对垒时，高纬只为等待小怜化妆、游猎，于是停军不发，错失良机，因此而亡国。

高纬亡国后，被掳至长安，即使如此，高纬仍不忘向周武宗乞求把小怜赐给他。后高纬死，小怜被转赐给王室贵族宇文达，宇文达亦十分宠爱她，甚至因她冷落了王妃李氏。即便如此，小怜仍不忘高纬，一日，小怜弹琵琶时，挥手弦断，小怜黯然，赋诗一首：“虽蒙今日宠，犹忆昔时怜，欲知心断绝，应看膝上弦。”

宇文达其实是个老夫子似的人物，他居然亦对小怜动心，可以想知小怜的楚楚风姿。晚唐的李贺曾写过一首诗《冯小怜》，虽只是虚虚地描绘了几笔：“裙垂竹叶带，鬓湿杏花烟。”小怜的妖娆却已跃然纸上。

宇文达死后，隋文帝杨坚又将她赐给了李氏的兄长李询，这回李氏终于报了一箭之仇，小怜在李询家沦为下人，不久便被逼自杀。

清代文人蒋文运评述他们的爱情时说：“齐高纬宁亡国，终不肯逆拂小怜之意，正所谓生死好友如此！”

这话令人动容，却又令人感到凄怆无比。

如果情欲始终与爱情同在，我希望它们是以一种平凡的、家常的形式呈现在我们的面前，琐琐碎碎的，却处处渗透着丝丝缕缕的甜蜜。

还是用小刀的诗来做结尾吧，小刀告诉我们，小欠是这样爱他的：

忽一日，爱上男儿郎/为我沽衣裳，为我贴花黄/为我歌罢三百场，不诉愁伤更为我，下厨房，烹饭菜/手执刀，切葱姜/一勺陈醋，几两川盐，不忘放辣椒，洗净双手，洗着我/只摆一双筷子。

姿色撩人

美貌从来不是女人的专利，历史上的翩翩佳公子宛如长江之水，且不说最著名的沈约和潘安，沈腰潘鬓这个典故正是用来描述他们撩人的姿色。还有国人并不陌生的嵇康，晋朝著名的竹林七贤之一，他醉酒时的姿态是“如玉山之将崩”。

他们早被世人写得滥俗不堪。进入我视野的英俊小生，外表俊朗，却缺乏高贵的情操，但他们的故事却犹如一枚刚刚腌制的橄榄，退去青涩，在舌尖留下缭绕的余味。

西汉　江充

西汉是一个英雄辈出的朝代，西汉的名臣璀璨如星河，绣衣使者江充与他们的文治武功相比，不过是沧海一粟。江充一生中最值得大书特书的两件事是：

一、样貌英俊，爱穿薄如蝉翼的纱衣；

二、成功地离间了皇室两对父子的亲情，几乎改变大汉的历史进程。

江充能够在浩瀚如烟海的史书上留下他的名字，起因是他有一个貌美如花的妹妹，舞姿翩跹，歌声迷人，被赵国太子刘丹相中，纳为姬妾，江充因此成为刘丹的父王刘彭祖的门客，深受宠幸。

时长一长，刘丹怀疑江充将其隐私密告父王，于是嫌隙顿生，他令官吏抓捕江充，并处死江充的家人。嗅觉灵敏的江充向西遁去，直奔朝廷谒见朝官，状告刘丹与同胞姐姐、王后乱伦及勾结郡国豪强劫掠百姓之事。

武帝知悉后盛怒，欲处死刘丹，虽刘彭祖上书为刘丹求情，并愿征讨匈奴，誓死不还，但武帝未允，并废黜了其太子身份。

此后，武帝召见江充，江充粉墨登场，一个漂亮的亮相倾倒了武帝。

地点：太台宫（在上林苑，上林苑是秦建都咸阳时所建，始皇营建朝宫于苑中，阿房宫即其前殿，汉初荒废，武帝时，又收为宫苑，周围至二百多里，苑里放养禽兽，供皇帝射猎，并建离宫、观、馆数十处，故址在今陕西西安，但巍峨的皇家园林昔日烟华只能从司马相如的《上林赋》里去寻找，这位汉赋名家铺排地描述了它的奢华。）

人物：江充、武帝及左右。

旁白：江充在武帝召见时，提出要穿自己素常惯穿的服饰面见天子，武帝允。

服饰：江充穿着带皱的轻纱制成的蝉衣，衣裙长垂，交结于身后，狭若燕尾，头戴轻纱制成的冠，上有鸟羽做的帽缨，举步则轻摇。

旁白：江充生得身体魁梧、容貌壮伟，风度翩然，在服饰的映衬下，真有"翩若惊鸿，矫若游龙"之感！他使得多才多艺、富有审美情趣的武帝深为叹服。

对话：

武帝：（环顾左右）燕赵之地果然多有奇士！

左右：喏！

待江充与武帝进一步交谈时，言语多有合武帝心意之处，武帝遂恩宠有加，并任命其为"绣衣使者"，一个很风雅的官名，主要职责是纠察皇亲贵戚的不法事端。

武帝年迈时，日渐昏聩，刑法严苛，又信术

士。江充曾因琐事得罪过太子刘据，他担心武帝崩后太子继位对己不利，遂诬陷太子用巫蛊诅咒皇上。并在太子东宫地下挖出了桐木制的偶人，上面插刺了铁针，这是巫蛊如山的铁证。刘据无可辩白，唯有起兵并斩杀江充。武帝再一次盛怒，捕杀太子。

随着时光的流逝，武帝渐渐明白当时刘据的无奈，无人能懂武帝心中深广的哀痛，他思念刘据，就像当年他思念逝去的李夫人，他修建了思子宫，又在湖县修建了归来望思之台，只是无论他怎样登高远眺，言笑晏晏的刘据再也不能回来，那万箭攒心般的疼痛如影相随，从此不离武帝须臾。

江充的故事到此为止，我还想仔细介绍一下放蛊，这种带有强烈的浪漫情绪和宗教色彩的仪式，已渐渐淡出历史舞台，但在十九世纪之前，许多人依然坚信每位漂亮的苗家女郎都会放蛊这种神秘的邪术，蛊可借饮食钻到肚子里，定时发作，使欺骗她爱情的薄幸男子毒发不治，唯系铃人可以解铃。在沈从文所著的《凤凰》一文中对本地的放蛊有详尽的说明，这些传说足以令用情不专的男子在面临苗家女郎的诱惑时踌躇不前。

为此，我满怀好奇专程去了凤凰，小城坐落在湘西边陲，气候宜人，民风淳朴，所遇着的苗家女子毫不起眼，感觉不到丁点巫气。此地还保留了许多原始的风俗，如苗家的青年择偶称之为“赶场子”，若是女孩子看上了哪位苗家的阿哥，只消踩一下他的脚后跟，苗家哥哥若有意，回之以礼即可。凤凰还出产一种细小呈深红色泽的小虾，生长在深潭里，味道非常鲜美，六元钱一大包，物价之低廉，令我顿生腰缠万贯之感。我买了若干包匆匆赶路，不小心踩下了苗家哥哥的鞋，他回首望我，似乎在犹豫要不要“投之以木瓜，报之以琼琚”，他的踌躇令我赧然无语。

魏晋　何晏

现代的都市新男人们玩的香水、美容、嗑药、性解放等诸如此类的“时尚”，在魏晋时早已风靡一时，何晏堪称他们的开山鼻祖。对何晏之前卫，我唯有借助现代公文的体例才能将其所代表的魏晋风度条分缕析。

关于何晏同志的情况报告

一、关于何晏同志的家庭主要成员及生平简介

曾祖父：屠夫

祖父：何进（东汉末大将军，汉灵帝何太后之兄）

父亲：早亡

母亲：尹氏

继父：曹操（兼岳父）

妻子：金乡公主

何晏幼年随改嫁的母亲生活在曹府。曹操喜爱他的伶俐，安排他的一切衣食用度，都与曹家子孙无异。何晏虽寄人篱下，自尊心却很强，言行无所顾忌，常模仿太子服饰。因此引起了曹丕的不满，曹丕讥讽他是假子，曹操却不以为忤，并想正式收何晏为养子，何晏于是在花园里用树枝绕着自己画了个圈，说，这是何氏子庐！实际是婉拒曹操，曹操明白何晏的心意，将他遣回何家，但这并不表明曹操放弃了何晏。

曹操是何许人也，他能成就一代霸业，就在于他雄才伟略，求贤若渴。诗经中"青青子衿，悠悠我心，但为君故，沉吟至今"，如此纤柔的句子，原用来描述女子的春闺情思，被他信手拈来，随意缀上"周公吐哺，天下归心"八个字，令天下英雄都明白他的心思，而尽入他彀中。襟怀阔大的曹操耐心地等何晏长大，并将女儿金乡公主许配给了他。

何晏与公主应是青梅竹马的玩伴，但种种迹象表明：那段青葱岁月并没有在何晏心中镌刻下爱情，婚后的何晏四处拈花惹草，以致不得不借助五石散来弥补体力透支。

二、何晏同志对魏晋风度的突出贡献

（一）风姿绰约嫣然，人称傅粉何郎，并引领时代潮流，使得朝中士大夫“无不熏衣剃面，傅粉施朱，驾长檐车，跟高齿屐，坐棋子方褥，凭班丝隐囊，列器玩于左右，从容出入，望若神仙”。

其对后世意义有二：

1. 就何郎容貌存在两种学术争议。

（1）天生白皙观点：《世说新语》载：何晏美姿仪，面至白。魏明帝疑其傅粉，正夏月，与热汤饼。即啖，大汗出，以朱巾自拭，色转皎然。

（2）傅粉观点：裴松之注引《魏略》中载：晏性自喜，动静粉白不去手，行步顾影。

顺便解释一下，所谓汤饼其实是一种带汁的面食。《世说新语》与《魏略》相比，似乎《魏略》的可信度更高，易中天教授在讲解《品三国》时，多引用裴松之注引的《魏略》，认为是正史。不过以我的推测，傅粉观点应不成立，魏晋南北朝傅粉施朱成为一时潮流，何郎傅粉并不稀奇，值得夸耀的应是何郎的天生丽质难自弃。

2. 对文学的贡献。“傅粉何郎”已成为诗词歌赋中一个重要的典故，屡屡被用来形容人与物的皎洁美丽，甚至用来吟咏花的玉雪可爱，宋人彭渊材咏《海棠》诗云：“雨过湿泉浴妃子，露浓汤饼试何郎”，黄庭坚的“露湿何郎试汤饼，日烘荀令炷炉香”更是名句。

（二）何晏与夏侯玄、王弼等倡导玄学，竞事清谈，遂开一时风气，他掀起的玄学思潮成为魏晋南北朝的思想主流。

1. 主要学术观点：师承老庄，认为“天地万物，皆以无为为本”，建立了唯心主义本体论学说。

2. 重要理论著作：《道德论》《无名论》《无为论》《论语集解》。

（三）服用五石散的始作俑者及广告代言人。

1. 五石散主要成分：石钟乳、白石英、石硫磺、赤石脂、紫石英。

2. 五石散的广告疗效：

（1）壮阳。

（2）长生不老。

五石散的成分让现代稍具医学常识的人都心生疑虑，但在晋朝，出了一位著名的炼丹师——葛洪，在他所著的《神仙传》中，他言之凿凿地说，道家食石英是一种修炼功夫，住在白石山居的白石先生就曾煮白石为粮。这话听来几近骗术，但葛洪绝不是江湖骗子，在当时属于知识渊博的学者，尤其精通化学知识，曾一度是朝廷的中高级官员。他的学说广为流传，他本人则成了道教成仙的一个楷模，整个社会浓厚的求仙佞佛的氛围，再加之何晏同志“美姿仪、面至白”，及何晏同志对外声称：“服五石散非惟治病，亦觉神明开朗。”当时著名的文学家兼医学家皇甫谧亦从旁印证了这个事实：“何晏耽爱女色，开始服用五石散，马上体力转强，多年的烦恼，一下解决了。”使得贵族群体对五石散的药效坚信不疑，于是风靡一时。

3．魏晋风度的遗留问题。

（一）整个社会对美的长期过度追求，在一定程度上导致国家的积弱。偏安一隅后的南朝士人仍以柔弱为美，无力抵挡“关中之人雄”的北军，遂至于亡；

（二）清谈不务实，朝廷政事弛废；

（三）服五石散后，身体忽冷忽热，精神恍惚失常。

四、何晏同志的结局

过度服用五石散后，何晏皎洁的姿容不复存在。有相面者如此评价他的容貌："魂不守宅，血不华色，精爽烟浮，容若槁木，谓之鬼幽。鬼幽者为火所烧。"已经是形同鬼魅的何晏结局并不太妙，他依附于魏明帝之兄曹爽，是其得力谋士，并常一起饮酒作乐，因此深得其赏识。而曹爽原来同司马懿一道受遗诏辅政，后来曹魏争权夺利，矛盾日深。何晏终被司马懿所杀。

此后经年，魏晋风度渐行渐远，"傅粉何郎"成了一个史籍中的一个典故，成了一个遥远念想，恍惚得如同一个女子抛向虚空的媚眼。

与君相逢横塘水

一

倘若没有戊戌变法，李闰的命运不会如此与帝国相连；倘若没有戊戌变法，李闰总有一天会等到谭嗣同从京城告老还乡。

他们会住在浏阳官邸，远离世间喧嚣，在音乐、诗词和花朵的环绕中，悠然安享自在流年。在某一个黄昏，往事乘着晚风的翅膀纷至沓来：初婚时住在兰州憩园，有一年园中牡丹盛开，最高的花枝居然与屋檐齐平，仿佛有花神眷顾；不久以后，他们有了一个孩子，他们给孩子取名传铎，字兰生；她爱他，所以不肯与别人分享他，他亦呼应她的爱，即便是兰生在一岁时夭折，她此后再未曾生育，他亦不肯纳妾；还有一年，浏阳官邸中的梧桐树被雷击倒，他用古树残枝制作了二把七弦琴，在他赴京前夜，他们俩在灯前抚琴夜话。

那年月，就算是有怅惘，亦是如茨维塔耶娃《我想和你一起生活》中描述的那样：“有时候，在黄昏，自顶楼某个房间传来笛声，吹笛者倚在窗牖，而窗口大朵大朵郁金香，此刻你若不爱我，我也不会在意。”那怅惘是明亮的，生活纵是有不顺遂之处，依然是幅清淡的水墨画，她是他糯糯的小娘子，那个“淡化了裙衫儿茜，简化了艳晶晶的八宝簪，多添了一分长生殿里盟誓言”的糯糯的小娘子。

二

无论大清朝政如何颟顸腐败，从女人的视角观照，李闰或许同情过那个丧夫丧子的慈禧太后。

这个大清帝国最具威权的女人，即便是在勾心斗角、杀机四伏的皇宫，在她的青葱年华，依然有一个男人真切地爱过她，并孕育过膝下承欢的幼子。倘若没有种种变故发生，她将会是咸丰一生钟爱的那个糯糯的小娘子。

咸丰二年三月选秀，19 岁的慈禧被选入宫中，那是她一生中最美的时光，满心都是对未来生活的憧憬。后宫不乏佳丽，咸丰却独独宠爱她，封她兰贵人，因为咸丰最爱的就是玉兰花。那年，广州总督进献了一颗珍贵的珍珠，水滴般的造型，温润的光晕，咸丰爱不释手，却转手将它送给了她，阖宫咸妒之。直至晚年，那颗珍珠依然是慈禧的心爱之物，每有适当场合，她总将它佩在胸前。

在圆明园，慈禧当上了咸丰皇帝的新娘，他们在那里度过无数欢乐时光。咸丰爱听慈禧唱小曲，慈禧唱的多是山西民歌。那富有山野趣味的曲子令咸丰新奇不已，比如《桃花红杏花白》《想亲亲》《大红公鸡毛腿腿》，光那曲名就听着就令人着迷。还有《开花调》，在这即兴的调调里，不只是植物会开花，剪刀会开花，笤帚会开花，门搭绊会开花，石头也会开花。只要他俩在一起，万事万物都会开花。

此后经年，每晚睡觉前，慈禧都要换上一身全新的粉红绸缎睡衣，上面绣满了牡丹，精致美丽，即便是咸丰已离开她多年。

咸丰十年八月初八，是咸丰离开圆明园的日子。当咸丰登上船头，岸上宫人曼声呼曰“安乐渡”，递相呼唤，其声不绝，直到御舟抵达岸边。那一天，当咸丰的儿子载淳用他稚嫩的嗓音喊出“安乐渡”时，咸丰热泪纵横，抱起儿子说：“从今以后再也没有什么安乐了。”

翌年，英法联军入侵北京，刚刚过了30岁生日的咸丰逃至热河，在忧患中咽下了最后一口气，将慈禧置于前途未卜的茫然与恐惧之中。

慈禧忧心咸丰临终托孤的顾命大臣专权，孤儿寡母终是被欺凌，皇权旁落，所以发起辛酉政变，彻底粉碎八大臣政治集团势力。

慈禧忧心载淳不是适合的君王人选，却又无人可以替代，于是她亲自训政。

为了培养载淳的执政能力，她集帝国之精英，为载淳配备的师资阵容堪称豪华。帝师翁同龢在他的日记中详细记载了载淳在16岁时的读书情况：

> 正月初七：晨读极散，因极陈光阴可惜，当求日进之方，上颔之而已，照常退。
>
> 初九：读甚散，敷衍而已。
>
> 二十九日：午初来，满书极吃力，午正二始毕，讲折尤不着力，真无可如何也！

> 二月初八："课题'重农贵粟'，诗题'东风已绿瀛洲草'，得洲字。文思极涩，初稿几无一字可留，且虚字亦不顺，复逐字拆开讲过，仍凑泊而成数段，未毕退。午正再入，坐四刻而不成一字。遂作诗，诗亦不佳。如此光景，奈何奈何！

没有人能够体会得到慈禧在阅读上述文字后深深的失望与忧虑。她变得愈发强势，母子关系剑拔弩张，载淳愈发放纵，"嬉戏游宴，耽溺男宠"，19岁那年，全身溃烂死于天花。

载淳的离去令慈禧在这个世界失去了最后的依傍与柔情。多年的宫廷及执政生涯，早已将她锻造得坚韧、冷血、嗅觉敏锐。一件细小的事情，她可以洞若观火地察觉到其中危机，并果断地将其扼杀在萌芽状态。她长时间居于权力之巅峰，绝不允许有人忤逆她的心意，然而她亦深深知道，瞬间的迟疑、软弱抑或是不合时宜的坚持与退让，都将给自己及帝国带来灭顶之灾。她彻底成了一个强权的铁腕政治人物。

然而，无论她如何在男人的疆域纵横捭阖，抑或是深谙帝国权力运行规则，大清王朝早已气数已尽，她终是难挽颓势。

三

百日维新从一开始，就注定就是一场失败的变法。

甲午海战，以北洋水师全军覆没画上句号，随后签订的《马关条约》，中国支付巨额赔款，台湾和澎湖列岛自此脱离祖国怀抱。中国朝野上下形成共识：单纯富国强兵的改革无从摆脱帝国日薄西山的命运，只有维新式政治体制变革才能使古老的帝国浴火重生。

变法领袖康有为的出现适逢其时，他描摹的政治蓝图是在中国千年集权专政政体植入“民主宪政之花”。但具体实现蓝图的路径，康有为依然跳进了窠臼，他选择的是周而复始的暴力革命路径，狂飙突进，而非结成最广泛的民主统一战线，形成系统的政治工程，这就导致变法从一开始就孤悬于体制之外。

为维新变法宣传造势，康有力成立了舆论阵营“强学会”。“强学会”成立之初，得到众多帝国政界精英的支持。如袁世凯、张之洞都曾给予过强有力的资金或政策支持。

甚至时任直隶总督兼北洋大臣的李鸿章都曾愿意捐款2000大洋。然而康有为却拒绝接受，理由是李鸿章主持签订了《马关条约》，是公众声讨的“卖国贼”。康有为缺乏政治智慧及狭隘的政治襟抱略见一斑。

而作为康有为最忠实追随者及变法的执行者，谭嗣同同样缺乏火中取栗、游刃有余的政治智慧。

政变的缘起，来自光绪与慈禧对变法迥异的态度。

作为帝国的实际最高统治者，起初，慈禧支持光绪变法。随着变法的深入，慈禧和维新派的分歧日趋严重，尤是康有为建议邀请东西洋专门政治家共议制度，已然动摇了帝国的权力基础，当光绪向慈禧力荐推行实施时，“太后不答，神色异常”。

为加速变法进程，光绪与康有为、谭嗣同密谋围园废后，授意谭嗣同与袁世凯接洽。

28年以后，袁世凯在上海《申报》发表《戊戌日记》，详细描述那夜情形，至今读来仍惊心动魄。而谭嗣同的书生意气与袁世凯的权术机变跃然纸上，本来应该成为变法的强大支持的袁世凯自此离心，变法失败已成定局。

（初三日晚）正在内室秉烛拟疏稿，忽闻外室有人声，阍人持名片来，称有谭大人有要公来见，不候传请，已下车至客堂。急索片视，乃谭嗣同也。

余知其为新贵近臣，突如夜访，或有应商事件，停笔出迎。……

寒暄过后，谭嗣同开门见山，向袁表示：他与康有为曾向皇上力荐袁，但皆因荣禄阻碍，所以袁虽“辛苦多年，中外钦佩”，却升迁甚慢。此后，话锋一转，出示了一份光绪手谕，授权袁直接诛杀荣禄，然后“即封禁电局铁路，迅速载袁某部兵入京，派一半围颐和园，一半守营，大事可定”。

予闻之魂飞天外，因诘以：围颐和园欲何为？

谭云：不除此老朽（太后），国不能保！此事在我，公不必问。

予谓：皇太后听政三十余年，迭平大难，深得人心，我之部下，常以忠义为训诫，如令以作乱，必不可行。

谭云：我雇有好汉数十人，并电湖南召集好将多人，不日可到，去此老朽，在我而已，无须用公。但要公以二事——诛荣禄、围颐和园耳！如不许我，即死在公前。公之性命在我手，我之性命亦在公手，今晚必须定议，我即诣宫请旨办理！

予谓：此事关系太重，断非草率所能定。今晚即杀我，亦决不能定，且你今夜请旨，上亦未必允准也。……

予见其气焰凶狠，类似疯狂，然伊为天子近臣，又未知有何来历，如明显变脸，恐激生他变，所损必多，只好设词推宕。

帝后政治力量的悬殊、维新一党政治谋略与政治理想之间的巨大差距，袁世凯的选择几无悬念。

1898 年 9 月 21 日凌晨，慈禧发动政变，囚禁光绪，搜捕维新志士，百日维新自此宣告失败。

在政变中，谭嗣同有三次机会可以全身而退。

第一次机会来自于父亲。其父谭继洵已升任湖北巡抚。对于谭嗣同的处境，一生为官的谭继洵深谙其中风险，他曾三次去信对谭嗣同晓以利害，命其退出，以避“杀身灭族”之祸。谭嗣同拒不接受。

第二次机会来自于梁启超。慈禧政变后，梁启超劝谭嗣同一起出走日本。谭嗣同执意不肯，他对梁启超说：“不有行者，无以图将来；不有死者，无以酬圣主。”

第三次机会来自日本使馆，使馆愿意为谭嗣同提供“保护”，这是最后的机会。谭嗣同坚辞不受并宣称：“各国变法，无不从流血而成，今中国未闻有因变法而流血者，此之所以不昌者也；有之，请自嗣同始！”

戊戌变法是颓败晚清政局的最后一抹亮色，也是中国百年历史上一出壮丽的悲剧。百日维新随着戊戌六君子的喋血街头匆匆谢幕。它的意义绝不在于是一部好看的历史宫斗剧，而是在黑暗的时代，总有一些人和事，让我们看见黎明的曙光，力量会从我们灵魂深处悄然滋长。

四

近三十年过去，当年维新变法的领袖康有为和梁启超依然健在，他们在李闰六十岁生日时，送了一块题名为“巾帼完人”的横匾以做贺寿之仪，那么高的溢美之辞，终究是不能给李闰带来完满的人生。

她的记忆始终定格在戊戌年间，那年，他在狱中写下绝句诗："忍死须臾待杜根"，死亡离她那么近，在某一个神思倦怠的夜晚，它猝然降临，她从此将自己的名字改为"臾生"；她亦不能忘怀，他写过一封遗书给她，百般劝慰她："与君魂相依，望君遣怀"，"生生世世，同住莲花"。她为之忧伤，写诗悼念他："前尘往事不可追，一成相思一层灰。来世化作采莲人，与君相逢横塘水。"她常在深夜恸哭。其时，谭继洵因谭嗣同一案罢官在家，夜不成眠，他踱至窗外说："七嫂，你不要过分伤心了，使我及全家都很难过。你要知道，老七将来的名声，必然在我之上，你应引以为慰。"李闰停止了哭泣，移步窗前说："爹爹，听你话，我不敢再越礼了。"

一个月后，谭父在忧惧中死去，然而他不动声色的同情和不留痕迹的触动，终于使李闰不再在黑暗中沉沦。

终此一生，她一直都在摆脱种种的束缚，生与死，爱与恨，存在与虚无……直到有一天，她找到真正的自己：为教育普及，她创立了浏阳第一所女子师范学校；因弃婴溺婴现象普遍存在，她设立了一个育婴局，收容那些流离失所的孩童。她开始变得温和而甜蜜，她不再对他的离去耿耿于怀，事隔多年，她依然能清晰地感受到他的呼吸、他的存在。他始终都在陪伴她，未曾走远。她趟过了漫长的黑暗，终于与他相逢在横塘之水。

五

短短几天，我走遍长沙的每一处胜景。难以忘怀的是橘子洲头入夜满天璀璨的烟花，是火神庙里林林总总的美食，是铜官窑里薪火传承的窑火，是刻画了悠悠岁月印记的太平老街，是满目青葱的岳麓山脉。然而最让我难以忘怀的却是浏阳。

纵然六月的浏阳，阳光亮炽，热力四射，在浏阳六月的暖风里，我几乎走不动路。我站在大夫第官邸的天井中，满耳都是时间嘀嘀嗒嗒走过的声音。在时光的洪流里，我长久地注视着官邸细密斗拱承托的藻井、雕刻繁复花纹的窗棂以及庭院里葳蕤的枝叶。天井上空有一束光照下来，宛如舞台的追光打在谭嗣同的巨幅照片上，在这座古老的宅第里，小细节洞穿了百年的光阴，它迤逦而过，让我心中绿意葱茏。

与岁月劈面相逢

在一场漫长的冬雨中，撑着伞走过幽长的小巷。有年轻的女子站在小店门口翘望，一辆运货的车停了下来，车上跳上一个男子，胖，笨拙，满脸温柔地向她走来。

心里像是忽然被什么击中了，在这条小巷中，相似的场景让我与岁月劈面相逢。

在岁月雕刀的镌刻下，年轻的脸庞不再光洁，但记忆却依然青涩，回想起往事，感觉就像听崔健在唱那首声嘶力竭又痛彻心扉的《一无所有》。

也许爱过又离分的故事情节其实很简单，就像琼瑶讲述过的一个故事：一粒砂子爱上另一粒砂子，另一粒砂子说：“爱我就要包容我。”于是这粒砂子在巨石上拼命地磨，为的是将自己磨碎，好来包容另一粒砂子，当它终于磨成齑粉可以将另一粒砂子包容，一排巨浪袭来，它四分五裂地散开，再也不能聚拢起来将另一粒砂子紧紧拥在怀中。

在年轻的时候，我们为人生设定着种种预定的目标，但究竟走多远才能到达？在生活阴晴不定的面孔前，我们永远是不知情的迷惘的孩子。在长途跋涉的道路上，偶尔风和日丽，更多的是疾风暴雨，有时会走入一条幽深的隧道，与岁月劈面相逢。

在岁月那条幽深的隧道里，福州杨桥巷一座古旧的宅子浮了出来，那是林觉民的故居，就是那个写下《与妻书》的林觉民，黄花岗七十二烈士之一。

仍记得在初中时，在语文课本中读到《与妻书》诧异的感觉。在那个英雄脸谱化的年代，我以为英雄应该是振臂高呼、豪情万丈的，而林觉民却是以缠绵悱恻的面貌出现：他称呼他的妻子陈意映为“意映卿卿”。他说，他写信的时候是泪珠和笔墨一齐落下，几乎不能够写完信就想搁笔，可又怕她不能体察他的心思，于是忍痛说下这些话。他说，她是他的至爱，自从遇见她后，他常愿天下有情人都成眷属。他还问她，是否记得四五年前的一个晚上，他曾经对她说：“与其让我先死，不如让你先死。”她曾为此语感到不快，而他的本意却是担心她瘦弱的身体经受不住失去他的悲痛，与其他先死，把痛苦留给她，倒不如她先死，让他来承担所有的痛。在信中，他满怀深情地描摹后街的屋子，那是他们新婚后的爱巢，适值冬日，窗外疏梅筛月影，依稀掩映，他与她立在梅影下互诉衷肠，如今想来，却空余泪痕。他还回忆起在六七年前，他背着家里人出走，再次回到家中时，她哭着对他说，今后若要远行，一定要告诉她，哪怕是天涯海角，她也要跟随着他。他允诺了。十几天前回到家中，就想把此次远行的事告诉她，而面对她时，却又无法启齿，怕她不能承受悲伤，故日日呼酒买醉。心中的痛却难以遣散。他说，他多么期待能够“执子之手，与子偕老”。现在虽是不能够了，但他希望人死后会有鬼魂，那么，他的灵魂还能依依不舍地伴着她，她再也不用为失去他而感到伤悲。

无法言说在初读《与妻书》时心中的感动与震撼，从此后，1911 年的广州黄花岗起义不再是教科书中一个刻板的词条，它是中国历史上一个重要的年份，那一年，民主共和风起云涌，孙中山、黄兴所领导的武装革命渐成燎原之势。

4 月 24 日，起义的前 3 天，林觉民从广州来到香港，迎接从日本归来参加起义的同志——更确切地说是一群满怀救国理想、慷慨赴死的热血男儿。他们住在临江边的一幢小楼上。夜阑人静，枕着汩汩流淌的江水，林觉民想到即将到来的死亡以及家人，竟夜难眠。他起身点燃油灯，在手帕上写下了著名的《与妻书》，天亮后交给一位朋友，说：“我死，幸为转达。”

起义中，林觉民受伤被俘。时任两广总督的张鸣岐和水师提督李准会审林觉民。林觉民不会说广东话，就用英语回答，他的慷慨激昂令举座皆惊，张鸣岐顿生惜才之意，长叹道：“惜哉，林觉民！面貌如玉，肝肠如铁，心地光明如雪。”有人劝总督大人为国留才，思忖再三，张鸣岐认为此般英雄人物绝不可留给革命党，遂下令处死。林觉民时年 24 岁。

彼时，陈意映的父亲陈元凯正在广东候补知县，获悉消息后。忙派人赶回福州，让林家疏散。陈意映于是就租住在娘家附近早题巷中。巷僻屋陋，某夜，林觉民的绝命书，不知经过多少的辗转，被悄悄塞进这屋子的门缝里来。陈意映读罢书信痛不欲生，林觉民的父母双双跪在她面前，恳请陈意映要坚强地活下去，念在家中尚有幼儿，而她腹内仍孕育着一个小生命。5 月 19 日，悲伤过度的陈意映早产，生下遗腹子林仲新。两年后，陈意映在思念和忧郁中死去。

时光流转，距广州黄花岗起义已近一个世纪，林觉民的故居依然还在。老宅子坐落在福州市最繁华的闹市区中，屋前的南后街依然保持了古街的格局，裱字画的、裁衣服的、卖寿衣的、编藤木器具的、制鞋的、卖灯笼的、卖小木雕的……各式小店琳琅满目，人群熙来攘往。进了宅子大门，是清冷的影壁，影壁后是寂寂的天井，天井两边设了两个大鱼缸，日久潮湿，缸子上生满了青苔，天井廊柱上有一副对联："海阔天高气象，风光霁月襟怀。"穿过天井，走到花厅，风如水一般流淌而过，梅影横斜在窗前，一切依然如故，只是他心爱的女人却永远不会再立在梅影下与他窃窃私语。

或许，留在林觉民最后的记忆中除了梅花还有樱花。在日本留学 4 年的林觉民对樱花一定不会陌生，日本是樱花的海洋，日本更是同盟会的大本营。

1911 年 4 月，林觉民归国正是日本樱花烂漫之时，临去广州之前，林觉民绕道回了趟福州，他向家人解释归国原因时，编织了一个美丽的谎言：学校正在放樱花假。

4 月的日本岛国美得惊心动魄。直至今日，日本仍沿袭旧风俗放假赏樱。在日本人看来，樱花是某种精神的象征。俗语“樱花七日”指的是一朵樱花生命的轮回，樱花从开放到凋谢要经历 7 天。樱花开时，毫无保留地大片大片绽放，花落之时，毫无留恋地大片大片坠落，樱花花瓣如雪花般漫天飞舞，场景壮观且悲怆，扑面而来的历史气息和精微的细节。

那雪花般飞舞的樱花，忽然令我想起《水浒》里场景最宏大的一场雪——林冲在山神庙里遭逢的那场雪，正是那场雪，让林冲彻底脱离了体制，无论是身为东京八十万禁军教头，还是加盟梁山，武功盖世却又怯懦的林冲从来不是英雄。禅宗中有一段公案：庞居士辞别雪窦禅师，天空亦下着大雪，庞居士指着空中雪云说：“好雪片片，不落别处。”英雄看天下事，皆不是他人的事，是自己的事。所以大雪会落在林冲的灾难里。

20 世纪乱世浮华的板荡，那个朝代已然销声匿迹，然而暗夜里涌动的硝烟依稀可见，在时代浪潮的裹挟下，风雨飘摇与百废待兴既仳离又紧密相连。

林觉民短暂却如史诗般壮阔的一生，恰如那雪花般飞舞的樱花所隐喻：生如樱花之灿烂，死如樱花般决绝。

第二辑 黄四娘家花满蹊

黄四娘家花满蹊

唐诗史上，李杜齐名。年少时，我偏爱李白甚于杜甫，那时眼底的杜甫枯燥乏味，而谪仙人李白（字太白），迷人感性。可谓之性情中人。

他张狂，奉召入京时，仰天大笑出门去，自认我辈岂是蓬蒿人。

他落寞，他说，人生在世不称意，日后干脆披散了头发去江上弄一叶扁舟。

他孤独，坐在花间对着一壶美酒，却是独酌独饮，没有相亲相爱的人陪伴，只得举杯邀请明月对饮。

他缠绵，妾的头发才能遮住额，郎以竹杖为马，绕床跑了一圈，手上还握了一枝刚摘下的青梅，妾好羞啊！羞得将脸儿扭向影壁，任千呼万唤也不肯回转。

他绮丽，绣户香风暖，纱窗曙色新。这只怕是他佯醉入储秀宫中所见之景象吧，又是哪位美丽的女子被皇上宠幸？她新迁了房，换了窗纱儿，挂了绣帘，屋里暖暖的，还透出一股儿甜香，是佳人的体香还是屋里熏的香？

他浪漫，他仰着头儿看天，想，天上是不是住着许多神仙？他们是以霓做衣裳以风为马吗？

他无君臣之道，天子传他时，皇权又能奈他何，他照样呼来不上船，自称臣是酒中仙。

他放荡不羁，在金陵城，与一班酒友去秦淮河上弄月，彻夜歌唱，不知狂与羞，忽然想起老朋友侍御史崔四，便连夜拜访，他乘醉立在船头，草裹乌纱巾，倒披紫绮裘，两岸的人见了都拍手笑。

君王对这狂生不再有兴趣，他深感怀才不遇，举杯消愁又怎样？还不是愁更愁，空长了白发三千丈！他开始蔑视权贵，那些尊贵的人为何不能接受他的疏狂？可见他们说爱他的诗才，不过是叶公好龙，他赌咒再不俯首低眉服侍权贵，不得开心颜的日子又有什么意思？

成长以后，再看李白，除却他的才气不谈，难怪君王不待见：

他睥睨众生、疏于仪表、礼仪怠慢且不说，他还嗜酒如命，五花马，千金裘，任它有多贵呢，照样拿去换酒饮，千杯万杯不停盏。

他恃才傲物，作诗时，力士脱靴、贵妃磨墨、御手调羹都是天经地义之事。权贵厌恶他，他反倒自比美人，容颜过于出众反遭人妒，很有自恋倾向。

杜工部名甫字子美，他的诗如其名，作品工整、沉郁，多为关注国计民生，具有强烈的历史责任感，显示出诗人的成熟稳健气质，而字“子美”，又表现出我未识绮罗香的另一面。

他宽厚真诚，他惦念着被贬的李白，他说，江湖上风大浪大，乘舟要小心呵！都说文人相轻，可他对李白的评价是：冠盖满京华，斯人独憔悴。

杜甫并非不谙风情，隔户的杨柳袅袅婷婷，他把它比作十五岁女子的细腰，立春那日，唐有风俗食春，细生菜盛在春盘里呈上来，那传菜的纤纤玉手落入诗人杜甫的眼帘。

在成都闲居的时候，梅子熟了，把朱老唤来同吃，这时的杜甫颇有几分闲情。

杜甫诗风沉郁，偶有妩媚之句，譬如《江畔独步寻花》：“黄四娘家花满蹊，千朵万朵压枝低。

留连戏蝶时时舞，自在娇莺恰恰啼。”尤是“黄四娘家花满蹊”那句，杜诗中的暮气一扫而空。

黄四娘家一定很美吧，这小径是通往黄四娘家的呢，还是黄四娘家花园里的？若是通往黄四娘家的，花都长满了小径，想必一定是行人去得少，缘何杜甫会走到那人迹罕至的小径呢？是惦念着黄四娘吗？只是黄四娘是谁？是他心爱的女子吗？她是不是美若天仙，兰心蕙质，令他一见再难忘怀？

诗人杜甫独自在江畔散步，慢慢走，慢慢走呀，走着走着，不知不觉又来到黄四娘家的小径。

情色白居易

白居易的诗以语言浅白见长，据传，他常将自己的诗念与大字不识的老妪听，并加以修改，直至老妪能懂为止，可见其诗的通俗平易。还有传说，白居易初至京城，投于某权贵门下，将诗作呈上，某权贵观其名，不悦道：“长安米珠薪桂，只怕是白居不易！”待其阅毕，赞叹曰：“白居，易也。”

白诗流传近三千首，纵观白诗，佳作寥若晨星，只有两首可问鼎诗坛：《长恨歌》和《琵琶行》。我感兴趣的，不是白居易诗才的高下，而是透过这些诗，感知至情至性的情色白居易。

白居易对故乡充满了怀恋之情：那日，都邑轩车歌吹，只有他向隅独立，远离喧嚣。日暮，望青山窅窅，感伤泣下。夜深，卷起珠帘，窗外一轮明月，引起满怀清愁。那愁，是牵扯不断的乡愁！

居易伤春，他满怀惆怅之情，叹道：留春，春天却是留不住，春归去，人备觉寂寞萧索，还是在花下饮酒吧！劝君尝一杯新酿的绿醅酒，教人拾起满地的残红，只是愁难遣！

常人苦夏，居易独爱之，他带着几分闲情寄语皇甫七，带着几分孩子般的喜悦：孟夏钟爱我家，这话一点儿也不假，你看，花瓣飘落在酒樽里，风将案上的书页展开，树上结满了果子，邻家女儿偷偷地拿竹竿来够，家里的小书僮在网小鱼，哎呀，皇甫七，不知道池上还有啥新奇的玩意儿？

对黎民百姓，居易充满悲悯之情：五月麦黄，农人在田间收割，挥汗如雨，农妇臂上挽着篮子，一路拾着散落的麦穗。居易想起自己的吏禄有三百石，年终还有余粮，每念及此，便整日不能忘怀。

天寒，居易新制了绫袄，他说这袄多好呀，桂林盛产木棉，棉实织出来的布白得像雪一般，衣上还有水波花纹，苏南的丝绵温软轻盈得像云朵。清晨兴致好时可以拥袄坐在向阳地里，晚上披袄踏雪而行，睡觉时盖着，可以香梦沉酣至天明。居易的手在绫袄上反复地摩挲着，却惦念起洛阳城中的百姓，他们忍饥挨饿，并为农桑所苦，什么时候会有一件长万丈的大裘呢？让城中的百姓都覆盖在这温暖的衣下。世人都知杜甫的“安得广厦千万间，大庇天下寒士俱欢颜”，却不知居易也有这般的情怀！

居易亦有怜香惜玉之情，他去龙华寺，遇着一个十四岁的小尼姑，头皮剃得青青的，眉眼细细的，居易很心疼她，想在夜里，这小尼姑走在林子里会怕吧？斋戒的时候，她会饿着吧？步子这么慵懒，别是走路倦了吧？这样的女子，该像仙子一般，住在花宫里。

如此体贴入微，仅是情而已，白居易的色在《长恨歌》中一览无余。在性感冶艳的杨贵妃面前，诗人也有按捺不住的轻狂，他的诗句一反常态地秾丽，勾画出一幅色调温暖的春宫画。

杨贵妃的俏丽模样，可从《长恨歌》中依稀寻得：她回眸一笑，百媚横生，六宫粉黛都被比得毫无颜色。难怪玄宗对她念念不忘，即便是她与玄宗争执后一怒回了娘家，玄宗非但不降罪于她，反倒放下天子的尊严，三番五次登门，低声下气请她回宫，直至她回嗔转喜。

春寒料峭的日子，赐浴在华清池，浴罢的杨贵妃，肤若凝脂，酥胸半露，娇慵无力，要劳烦侍儿扶起，玄宗看她：鬓如云，颜如花，髻上斜簪的钗头凤细细地颤，玄宗难以自持，趋步上前，以手扪乳，吟道："软温恰似鸡头米。"

鸡头米其实就是芡实，这种草本植物生长在浅水中，沉水叶箭形或椭圆形，浮水叶椭圆形或圆形，极似漂浮在水面上的小荷叶，开紫色花。种子是黑色的球形，此类比似乎有些风马牛不相及，但玄宗兴致不减。接下来就是芙蓉帐暖度春宵，春宵苦短，太阳为何这么早就高高升起？

自从玄宗迷恋上了极具肉体美的贵妃，就罢了早朝，后宫的佳宴无心亦无暇出席，夜夜专宠杨贵妃，爱了一夜又一夜。

七月七日，满天的星斗，是古老的七夕，牛郎织女相会的日子，其实就是中国的情人节。杨贵妃与玄宗相约："夜阑长生殿上见。"

三更天，露水下降，玄宗在大殿里等得焦躁，贵妃曳着裙裾，赤足轻悄悄走进黑漆漆的殿堂。玄宗心里充满了神秘而又刺激的愉悦，这个女人啊，寻常的一件事，被她渲染得一波三折，有声有色。玄宗握着贵妃的手，发出了惊天地泣鬼神的爱情告白：“在天愿作比翼鸟，在地愿为连理枝，天长地久有时尽，此恨绵绵无绝期！”

美丽妖娆的杨贵妃，令玄宗夜不成寐。亦令张爱玲赞叹不已，她评述杨贵妃：“杨贵妃一直到她死，三十八岁的时候，唐明皇对她的爱，没有一点倦意。我想她绝不是单靠着口才和一点狡猾，也不是因为她是中国历史上唯一的一个具有肉体美的女人。还是因为她的为人的亲热、热闹……杨贵妃的热闹，我想是像一种陶瓷的汤壶，温润如玉的在脚头，里面的水渐渐冷却去的时候，令人感到温柔的惆怅。”

按照张爱玲的说法：一个男人爱一个女人，能爱到不厌倦，图的无非是她的亲切、热闹；而那个女人呢，从男人那里是得不到持久的温度的，落的往往只是个“渐渐冷却去”“我将独自萎谢了”的下场。

在张爱玲的笔下，情色是单纯的，皮肤般的，上面洒着初恋一样的阳光，而爱情却是冰凉易碎的瓷器，是阴森华丽的景泰蓝。纵是在马嵬驿落了个“六军不发无奈何，宛转蛾眉马前死，花钿委地无人收，翠翘金雀玉搔头。君王掩面救不得，回看血泪相和流”的下场，杨贵妃依然成就了诗人的千古佳作，更成就了在千年之后，仍可亲近的白居易。

王维：隐入暮色苍茫中

王维的诗，就好比是冰镇过的金鲟鱼伏特加，入口后冰火两重天。烈日般灼心，又冰山般寒凉。他的人生际遇颇有传奇色彩，他官至右丞，满怀豪情，极具英雄气概，后期却出人意料地归隐，终日优游于山林之间。

他才情横溢，长于丹青，精于音律，他又将绘画和音乐融于诗歌创作中，他的诗，诗中有画，暗合着某种音律之美。

他丰神俊朗，一袭白衣出现在公主的宴席上，惊艳四座。

他的诗美丽、清细、闲雅。烛照他幽微的内心世界。

他惦念故乡，惦念故乡那镂刻花纹的木窗，还惦念窗前那一束梅是否凌寒独自开放。

他情感细腻，悲天悯人。唐玄宗之兄宁王相中了饼师的妻子，许以重金，强行将其妻索要了来，宠爱有加，一年后，宁王问她是否还在想念饼师，她默然不语。宁王将饼师召进府来，她凝睇饼师，双泪长流，悲伤不能自持。在座的王维被深深打动，他即席写下《息夫人》："莫以今时宠，能忘旧日恩。看花满眼泪，不共楚王言。"

他热爱市井生活，他笔下的巴峡风情撩人：女子在江边浣衣，水上人家在船上做起早市，山路上的桥梁跨越树梢架设，从桥上走过，就好像在树杪上行走。

他恭候诗人储光羲大驾光临，他早早地起身，将重门层层开启，看似闲闲地坐着，其实却在侧耳倾听车驾声。，御花园响起悠扬的晨钟，疏雨飘落，长安春色满城花满城，王维无心亦无暇顾念，只期待听到玉佩清脆的撞击声，那表明，储光羲正向他走来。

他曾权倾朝野，位极人臣。上兰苑里，天子敕赐百官樱桃，王维亦在赏赐之列。那是在寝园的春荐祭祀后，深红色的樱桃盛放在赤玉盘中，侍从不断倾倒给官员们，剩下的装入青丝笼中由官员们带回去，多食樱桃易发虚热，但无须劳烦，御厨早已准备了驱内热的甘蔗汁。

浩荡的皇恩，令王维感到万分荣耀，他曾狂热地爱着他侍奉的朝廷：那夕阳的余晖镀在重重叠叠的宫门上，镀在高高的楼阁上。桃李茂密芬芳，柳絮飘飞。拂晓，头戴绛帻的卫士在朱雀门外报晓，以昭告天明。尚衣局的官员送上用翠羽织成云彩图样的裘衣。大明宫的正门缓缓开启，各国的使节前来叩见天子，宫女们撑起仙掌扇为天子遮阳，天子衣袍上的绣龙浮在殿上的御炉缥缈的熏香中。

他也曾富贵逼人，却冷眼看豪门朱户：那住在对门的洛阳女儿，起居在雕梁画栋的华轩里；出行的车上装饰着锦绣罗帐，车轮辚辚碾过，轻尘扬起，一路暗香缭绕；用膳时，侍女用金盘盛着细切的鲤鱼呈上。她的夫君青春年少，骄奢却胜西晋的石崇一筹。他宠爱姬妾，亲自教习她们歌舞，随意地将珊瑚赠送给她们。他们通宵达旦地狂欢，直至曙光穿越窗棂，燃烧的百合香灯熄灭了，细小的灯花在空气中片片飞舞。唱罢了戏，懒得再练习新曲，梳妆完毕，慵懒地坐在熏笼边将衣服染香。城中相识的尽是显贵。而江边的浣纱女子，纵是如花美眷年华，却依旧寒苦，谁又会怜惜她？

阅尽人生繁华之后，王维对政治开始感到厌倦，他过起了隐士的田园生活。他坐在松树下，看久雨后的空林，看袅袅升起的炊烟，看白鹭在水田上斜斜掠过。浓浓密密的树荫下，有黄鹂婉转啼鸣。山中的木槿花朝开暮落，顶着露水的葵在悄然绽放。

桃花源里，夹岸盛开着绚丽的桃花，曲折深邃的青溪，云树聚集，烟云笼罩，明月青松，房舍沉睡，日出云开，鸡犬之声相闻。

天初明，有人在里巷中打扫满地花屑，黄昏来时，渔樵乘船而归。那是怎样的一派景象呵！

春天到了，斑鸠在屋顶啾啾而鸣，村边的杏花开着雪白的花朵，农人开始忙碌早春农事，持斧修整旁逸的枝条，荷锄勘探泉脉。

夏日，红菱青荇浮在水面，随轻风微波荡漾，岸边的蒹葭倒映在清澄的水中。

秋天渐渐临近，草堂前的蟋蟀叫声急促，傍晚时分，蝉鸣凄切，在这清冷的山林中，独有白云做伴。

彼时的王维功名之心消失殆尽，他开始笃信佛教，他慨叹光阴似箭，二更天，他独坐空堂，想起两鬓华发，朝如青丝暮成雪，不觉悲从中来。山果在秋风秋雨中坠落，草虫在灯下鸣叫。点石成金、长生不死都是虚妄的，万事万物都有着逃脱不了宿命。

从“绛帻鸡人报晓筹，尚衣方进翠云裘”到“涧户寂无人，纷纷开且落”。诗人王维，这个曾是长安城里最激情澎湃的少年侠，此时此刻，挑尽孤灯，焚香静坐，彻底地隐入了苍茫的暮色中。

风流薄幸杜牧之

放眼晚唐诗史，李商隐与杜牧齐名。李商隐走的是深情的路数，譬如："星沉海底当窗见，雨过河源隔座看"。他的美幽微晦涩，就像木头心里涟漪的花纹——终究带点子木气。杜牧狂放不羁，然而他惦念过的女子们如此生动："春风十里扬州路，卷上珠帘总不如""二十四桥明月夜，玉人何处教吹箫"，世界偌大，此刻，他只与你一人说着喁喁情话。

杜牧是豪族公子，传说中的他放浪形骸，他本身并不乏政治才能及抱负，却因几桩事以风流薄幸闻名。

兵部尚书李愿闲居洛阳时，家中蓄养了许多美丽的歌伎，并常大宴宾客，来者尽是本城的名流显宦。杜牧时任监察御史，类似于当今纪检部门的一个官儿。因忌惮其职责所在，李愿不便邀请杜牧。杜牧闻之，托人致意，而得以赴宴。席间，杜牧问李愿：得闻紫云姑娘，不知是哪位？经李愿指认，杜牧凝视良久，突发狂言："果真名不虚传，送给我吧！"李愿笑而不答，贵宾举座皆惊诧，众女子亦纷纷回眸朝杜牧微笑。杜牧自饮三杯，旁若无人吟道：

华堂今日绮筵开，谁唤分司御史来？
忽发狂言惊四座，两行红粉一时回。

分明是杜牧主动要求赴宴，可他却托词不知是谁邀请，疏狂略见一斑；他出言惊人，但颇自得，只因惹了来众红粉佳人的注目。

杜牧曾在扬州做过三年幕僚，扬州是他心口的朱砂痣，以致他因赴任京官而离开扬州，仍无数次描摹那座浪漫的城市。"身怀十万贯，骑鹤下扬州"，在这个属于男人的春梦中，除了有像豆蔻梢头一般的女子，还有大朵明丽的美人蕉，垂着鹅黄色的花朵，慵慵懒懒，却又美到了极致；幽暗中优雅弥散开来的洞箫声；夜风张着巨大的翅膀在暮色中悄悄地飞行，月光下的石阶凉得像水一般，难怪杜牧的扬州梦要用十年才能品咂过来。

杜牧怀想深秋的扬州，山色青青，流水悠悠，草色葱茏。杜牧更怀想扬州的昔日同僚韩绰判官。他们曾一道游冶青楼，纵情于声色之中。想着想着，杜牧挥笔写下传唱千古的佳句："二十四桥明月夜，玉人何处教吹箫?"

扬州的女子貌美如花，堪称玉人，教杜牧怎能不怀想？有名十三岁的歌妓也曾是他的心爱，她轻盈纤弱，走起路来娉娉袅袅，就像二月初树梢上含苞待放的豆蔻花。春风十里扬州路，卷上珠帘，再没有比这女子更美的了。转眼却到分离，杜牧叹道：

> 多情却似总无情，唯觉樽前笑不成。
> 蜡烛有心还惜别，替人垂泪到天明。

时年，杜牧已步入中年，却仍是寄人篱下，壮志难酬，公务之余常出入青楼，牛僧孺得知后，令人暗中跟随，以防不虞，直至杜牧调任京官，临别，牛僧孺劝他生活检点，杜牧开始辩解，牛僧孺令人取来一箧，里面全是随从所报杜牧平安无恙的报帖，杜牧感恩泣下，乃至终生不忘。

两年后，杜牧再次回到扬州，回想起多年江南幕僚生涯，回想起牛僧孺的关爱，回想起与他欢爱过的青楼女子，而今却恍如春梦了无痕。落寞中，杜牧写下了《遣怀》：

落魄江湖载酒行，楚腰纤细掌中轻。
十年一觉扬州梦，赢得青楼薄幸名。

光阴易逝，可醇酒、美人与青春做伴的日子却历久弥新。只是昔日的好光景不再，唯赢得青楼薄幸郎君的声名。

此诗之后，将杜牧薄幸的声名推到了极致。他的薄幸，是自骨头里透出来的冷。这种冷从杜牧对史实的批判态度略见一斑。

桃花夫人即息夫人，美而艳，嫁息国国君。楚文王慕其艳名，起兵灭息，将她掠至楚宫，纳为夫人，息夫人入楚宫后，终日不言，楚王垂询，答曰："我以一妇而嫁二夫，纵然不能一死，又有何言？"宫里桃花盛开，息夫人就在默默无言中度过了一个又一个寂寞的春天。

杜牧在游桃花夫人庙时，他想起了金谷园中的绿珠，感慨万分。金谷园系晋代富商石崇所筑。

当年石崇以沉水香屑碾碎如尘末般撒在床上，令妻妾们在上面行走，行走无痕的赐以珍珠。如今，人去楼空，石崇的繁盛往事逐香尘消散得无影无踪。河水依旧流淌，春草年年碧绿。黄昏来时，鸟啼如泣如诉，花自枝头旋转堕落，飘零成尘，恍惚间犹如坠楼的绿珠。绿珠是石崇的宠妾，被权臣孙秀看中，石崇不肯舍弃绿珠，因而获罪，绿珠为报石崇知遇之恩，坠楼自杀。

杜牧盛赞以死殉主的绿珠，鄙视苟且偷生的息夫人，将息国灭亡归咎于息夫人，以为红颜祸国殃民。他所表达的重贞节、轻生命的伦理观，不仅仅体现了他的薄幸，其实更是那个冰冷封建男权社会的一个简短缩影。

花间派的相思

韦庄和温庭筠并称花间派代表人物，时人并称“温韦”，赵崇祚将两人词作并编为《花间集》。

温庭筠，字飞卿，花间派发轫在温飞卿，且温飞卿才思敏捷，作词喜叉手，来回踱步叉八次手，即成一词。故时人称其为“温八叉”。温八叉貌奇丑，又有人戏称他为温钟馗。但他的词却是写得温香软玉，春意满怀。

广为流传的是他的一阕《菩萨蛮》：“小山重叠金明灭，鬓云欲渡香腮雪，懒起画蛾眉，弄妆梳洗迟。照花前后镜，花面交相映。新贴绣罗襦，双双金鹧鸪”，将女子的色、味与慵懒刻画得淋漓尽致，其中“鬓云欲渡香腮雪”是描绘美人的千古绝唱。只是不知，这个无所事事的美人，因何事寂寞？她如此孤单，那个枕边发尽千般愿的人可哪里去了，那么梳洗又给谁看呢？这词中的美人可是鱼玄机？

鱼玄机，字幼微，鱼玄机曾为李家妾，后李殁，鱼玄机不能见容于李家，于是入了咸宜观做了女道士。在大唐开放的风气下，道观其实也常常上演风月之事。道教原本是遁世的，而鱼玄机却入世得很，她美而艳，有诗才，她制作桃花笺，写上自己的得意诗作，让桃花笺沿溪漂下，故其诗在当时广为流传，一时慕名拜访的人如过江鲫，温飞卿也曾收她为徒，并有过一段露水情缘。但这个貌甚寝的温钟馗原也是不可靠的，一样不可托付终身。鱼玄机寻寻觅觅，终究难觅到一个有情郎。

万般无奈，鱼玄机养了一个汉子，不过是一个依附于她寄居在道观中的乐工。道观寂寥，她的侍女绿翘也与这乐工眉目传情，鱼玄机因妒笞死了绿翘。一个再俚俗不过的吃醋争汉子的故事，鱼玄机却因此断送了自己的青春与生命。

而温庭筠虽是薄情，他的词却情深深意款款，在《望江南》中："梳洗罢，倚望江楼，过尽千帆皆不是，斜晖脉脉水悠悠，肠断白蘋洲。"其中的"过尽千帆皆不是"常用来比拟寻寻觅觅却始终觅不到意中人的惆怅，与辛弃疾的"众里寻他千百度”的词意是孑然相反的，虽都有寻觅之意，前者的寻是不确定的，随缘的，迷茫的，而后者思恋寻觅的对象是单一的，热烈执着的。词中的白蘋是一种被古人赋予了相思含义的植物，是水中的浮草，色白，古时男女常采撷此物用以赠别，与被称为相思子的红豆有异曲同工之妙。

还有他的《更漏子》：“玉炉香，红蜡泪，偏照画堂秋思。眉翠薄，鬓云残，夜长衾枕寒。梧桐树，三更雨，不道离情正苦。一叶叶，一声声，空阶滴到明。”被台湾作家琼瑶引用在她的言情小说里，读来更是荡气回肠。

韦庄是京兆杜陵人（今在西安东南），因当时适逢黄巢起义，中原时局动荡，韦庄避祸住在江南，于是他写了大量关于江南的词。历史上还有一个唐代的大诗人白居易也写了大量关于江南的诗，但韦庄笔下的江南与白居易心中怀想的江南却是不相仿的。白居易笔下的江南是变幻的，不是确定的某时某地的江南；因白居易曾在苏州、杭州任刺史，在江南为客日久，吴山越水的柔情蜜意融入到白诗词中，使得白居易赋江南的诗词成了璀璨的华章。而韦庄却是居住在蜀地，蜀地的江南风物便如风穿叶底般在他的词中暗暗浮动。

如在他的一阕《菩萨蛮》中："人人尽说江南好，游人只合江南老。春水碧于天，画船听雨眠。垆边人似月，皓腕凝霜雪，未老莫还乡，还乡须断肠。"在江南如画的风景中，有当垆卖酒的妙人儿，为他斟酒，那双手竟赛雪欺霜。

在蜀地，韦庄似乎有些乐不思归，他忘记了中原时局的动荡，忘记了有家不能还的苦楚，唯有蜀地的醇酒、美人、风物时刻萦绕在心。这是在西北高原所不能见的绮丽景致，江南的诸般种种使得这个硬朗的西北汉子变得柔情似水，温存缱绻。

当年的韦庄除了多情之外，还是一个貌比潘郎的俊朗人物。他的姿容，在他写的一阕《菩萨蛮》中可略窥一斑："如今都忆江南乐，当时年少春衫薄，骑马倚斜桥，满楼红袖招。翠屏金屈曲，醉入花丛宿。此度见花枝，白头誓不归。"一个有些放纵不羁的少年跃然浮现，他身着薄春衫，纵马兰苑青楼，骑马倚斜桥，引得满楼的女子倾倒。这般的放纵在杜牧的诗中曾见过："落魄江湖载酒行，楚腰纤细掌中轻。"杜诗虽另有一番风情，但杜牧是凉薄的、暴戾的，而韦庄却是温和的，虽然在这温和中有些一些佻达，但难掩深情。

韦庄在蜀地曾纳一姬妾，美貌且长袖善舞，

被前蜀主王建看上，以献舞的名义将其召入宫中，此后再未曾放出。此事给韦庄愉快的江南生活抹上了黯然一笔。韦庄常常思念她，因此郁郁寡欢，他不断地追忆过去的好时光，在难释的愁绪中，韦庄填了一曲《浣溪沙》："夜夜相思更漏残，伤心明月凭阑干，想君思我锦衾寒。咫尺画堂深似海，忆来难把旧书看，几时携手入长安。"词意很浅白，不过是在说：因对伊人的思念已深入骨髓，却又无法相见，所以夜夜难以入睡，寒冷的明月光因此笼罩上了一层伤心色，不知伊人是否也会思念我，辗转反侧。相思如此浓烈，唯有翻看旧书排遣，伊人的面貌反而更加清晰地浮现在眼前，她笑语盈盈地问：何时我们一起去长安啊？

这首词可以寻到白居易《长恨歌》的影子，比如"伤心明月凭阑干"脱胎于"行宫见月伤心色"，而"想君思我锦衾寒"却是脱胎于"翡翠衾寒谁与共"。

在李商隐的《巴山夜雨》也曾表达了同样的相思："君问归期未有期，巴山夜雨涨秋池。何当共剪西窗烛，却话巴山夜雨时。"相思是人类最古老最深邃的情感，明知相思催人老，怎奈竟夕起相思？

第三辑 春初老

春初老

大年三十。

转眼间，一年又到尽头。大年三十是一个隆重的仪式，是对一年辛劳的犒赏。若干年前，这一天也是我爸爸将山东美食发扬光大的日子。一大早起来，他兴致勃勃地揉面、擀皮，忙得不亦乐乎。我爸包的饺子皮厚馅薄，雄赳赳气昂昂地站满了几案板。我爸还会杀鸡，刀起头落，开膛褪毛。中午时分，炉上炖的鸡散发出浓香，蘑菇吸饱了汁水，一朵朵肥嘟嘟的，十分诱人。我喝着鸡汤，眼泪吧嗒吧嗒地掉下来，那只纯洁的小母鸡，我精心饲养了一个寒假，就这样离我而去。

初一

在这个清晨，我躺在床上不愿起来。院子里

已有早起的孩子在燃鞭炮，东一声，西一声，零零落落。

我蜷在温暖的被窝里，想起小时候的我，多么企盼过年呵。过年了，大人们用竹竿挑着整串鞭炮在楼道里放，乒乒乓乓地炸开了一冬的寂寥，桃红色的碎纸屑落了满地。

我兜里秘密地揣着几枚爆竹，是从整挂鞭炮上掉下来的散兵游勇。我独自站在天井里放鞭炮，看引信嗞嗞燃烧，甩手扔出去，天井里传来闷闷的回响。夜里，我去东湖边看焰火，一丛一丛的焰火，像冶艳而又贪婪的八爪鱼，在天空中竭力伸展、漫延，最后消融得无影无踪。我转回家睡觉，脱掉身上那件苔藓绿的厚呢衣裳。这些年来，我穿衣服一向死心眼，喜欢某一种款式或颜色非要把视觉穿伤了不可。那阵子喜欢绿颜色，青葱绿、墨荷绿、翡翠绿、湖水绿，轻浅浓重，只要是绿色就照单全收。后来，又喜欢起黑色，一年四季所有的衣服全是质地轻薄、做工精细的黑衣服，那种黑，像盲人一般，黑中透出深沉的绝望。再后来，又喜欢起束腰的衣服，长长短短的衣服，全是一个版型，如出一辙。这种死心眼，延续到我生活的方方面面。

初二

又见着他了。现在的他已经是中年男子的体态，那么胖。在这些年当中，芭蕉绿了又绿，樱桃红了又红，十年的流光把那个英俊少年抛到了湖对岸。我想起年少的时候，走在路上，我忍不住要侧过脸去看他，他那双秀美的眼睛，紫葡萄一般亮泽。

这一回，他陷入一个精心设计的骗局，为此他声名狼藉。此事对他打击很大，可他却努力展开笑脸。我哭了，满心都是疼痛，他这么胖大的一个人没有一点心机，光顾着长傻个子。

认识他已有十几年了，我们共同经历了成长的锐痛。从今后，也许我们再也不能相见了，这样的诀别让我想起曾住过的一幢老公寓楼，楼梯口有两只电灯散着昏黄暗淡的光，紧紧地依偎在一起，像是一根藤上两只苦瓜。由此我变得感伤，往事纷纷扰扰。

我想起在经过菜市场时，鱼贩子剖鱼，满地细碎的鱼鳞，那是鱼的悲伤撒落，我看见小土狗面对屠夫利刃时的恐惧，在笼子里瑟瑟发抖。那都比不上我离开他时的悲伤和恐惧。可我却不能改变我的决定，我的眼泪再一次落了下来。

我想起退役后我们第一次相见，是在郊外，遍地都是盛开的油菜花，金灿灿的，幸福仿佛就是眼前这一大片油菜花，触手可及。我穿着一件大红的衣裳，青果领，领子的中段镶了一段黑，上面缀满了亮晶晶的小水钻，窄腰身掐得恰到好处。那是件冶艳至极的衣裳。那种冶艳，就像张爱玲笔下家常的苋菜，“乌油油紫红夹墨绿丝的苋菜，里面一颗颗肥白的蒜瓣染成浅粉红。在天光下过街，像捧着一盆常见的不知名的西洋盆栽，小粉红花，朱翠离披，不过这花不香，没有热乎乎的苋菜香”。那时候张爱玲和她的母亲同住，经济拮据，每日到街对面的舅舅家吃饭，又生怕被人瞧不起，苋菜上市的时候，就炒上一盘带去。多年以后张爱玲移居美国，在圣弗朗西斯科临街店铺里看见了苋菜，怦然心动。令她心动的，是往事的回忆，然而回忆又有什么用？没有现世安稳，更没有金沙金粉深埋的宁静，在困窘的岁月里，没有一种感情不千疮百孔。

那件冶艳至极的衣服早就送人了，随着衣裳而去的，是那段冶艳至极的爱，在我平凡的一生里，它突兀耸起，惊心动魄。

初三

酒店装饰得金碧辉煌，店门上面雕着一排半人半鸟的希腊神，长着妖媚的脸庞，饱满的乳房像百合花般盛开，一对金色的翅膀斜斜地张开，廊下悬挂的吊灯上有嵌金链子，灯罩上有云母纹，细细的风穿廊而过，吊灯细细地摇，摇碎了一地的人影。

我忽然想起这就是传说中的海妖塞壬，她们住在一个满是花草的美丽岛屿，每逢有船舶驰过，她们就站在葱绿的海岸上曼声歌唱，被蛊惑的旅人总是遭遇毁灭。

房间里有细细的音乐声，音乐中夹杂着海啸的声音，还有类似海妖的歌声，虚无缥缈地飘浮在夜的虚空里。

我又想起他，想起欲望对他的诱惑，一如海妖塞壬在曼声轻唱。

黑暗中，我看见海妖扇着巨大的翅膀飞越漆黑的海面，翅膀上沾着清凉的水滴。落在我脸上，我不去拭，任凭泪水在脸上恣意流淌。

初四

不知不觉，走到绳金塔。千年的古塔修葺一新，塔上悬着风铃，风吹过，响作一片。塔畔的仿古街铺着青石板，路边有小摊，简易的玻璃柜里冷清清地陈列了几块海参饼，这种坚硬的饼寡淡无味，这大年节的，有谁会去买它？茶馆没有开张，平日时人声鼎沸，座上客皆是闲散的老头儿，他们衣饰简陋粗糙，想必是这种饼的主要消费者。

时光一下子倒流十几年。也是在这样清幽幽的路上。清早，路边的铺子开门了，铺门是由门板充任的，眼下都卸了下来，堆放在店堂的角落里，一块块用朱漆描了流水号，待傍晚打烊了就按数字一块块地拼好。木制柜台上有大玻璃缸子，秋天的太阳软软的，照在缸里土黄色的海参饼上。乔乔指着饼，神秘地朝我笑笑，俯在我耳边细语："呸，还海参饼呢，你看它像不像屁股？它应该叫屁股饼才对！"乔乔长了一双细长的眼睛，疏朗的眉，一条懒懒洋洋的马尾巴拖在脑后。我问她："好吃吗？"乔乔又啐了一口，"咬都咬不动！"

初五

在必胜客的店堂里，我们点了比萨、红酒蜗牛、高丽参鸡汤，我和乔乔相对而坐，乔乔还是梳着一条马尾巴，甩来甩去的，看上去有一点任性。乔乔的眼角有了细细的鱼尾纹，尽管如此，乔乔依然非常美丽。

斜刺的座位上，有一对情人，两人相视而笑，姑娘握住少年的手，像是影片中经典的镜头，当与爱情不期而遇，微风会轻轻吹起，歌声会依稀唱起。店堂的墙壁上镶了镜子，在灯光的照射下，非常柔和。前面是水果沙拉的台子，蔬菜切成小片，盛在玻璃器皿里。

我隔了走廊看他们，心里充满了美好的感觉。为别人的爱情，也为我和乔乔的相遇。

初六

赣绣馆开张了。

各式各样的贝壳镶在相框里，再被钉在墙壁上。

维纳斯右螺长着尖尖的喙，拖着细尾巴，周身长了许许多多的小细刺。它来自遥远的加勒比海，那里的海水像天空般湛蓝，海葵花一般在深海处悄然绽放。

是谁把它从深海里捕捞出来，又是谁，把它带到古老中国腹地的一座小城？

还有白海菊，那么洁白纤细的一小朵，来自印度太平洋。

最奇特的是南非贝，螺壳上密布着橘黄、橙红与银白，像是上帝造物时不小心打翻了调色板，将最绚丽的色彩奢侈地泼洒在它身上。

双心贝长成心形，它的故乡是南沙群岛。它们被成双成对地镶在相框里，象征着永结同心。

只是，谁又知道，永远到底有多远？

初七

超市里，绿色的匣子里盛着春水白菜，好诗意的名字，那么绿的叶子只有一江春水才能浇灌得出，白色的菜梗一掐一汪水。四川泡菜装在玻璃罐子里，一只只腌过的小萝卜，拖着长长的细尾巴，新鲜洁净，像洗净的小脚丫子。货架上陈列着我最喜欢的那种巧克力薄荷饼，轻轻一舔，清凉的薄荷味自舌尖弥散开来，传遍口腔。冰柜里的汤圆也是我的至爱，咬开一个小口子，黑芝麻流沙般泻了出来，甜糯、温柔无比地覆盖敏锐的味蕾。

我喜欢这种充满闲情的生活，不愉快被剔除，剩下的唯有赏心乐事。

我想起一副对联，只记得下联：落花流水春初老。很喜欢“春初老”这几个字，令我想起枝头的青柚子，饱满，清凉，还透着一丝岁月流逝的伤感，那是如水般惆怅啊。

那惆怅是夜深了，只恐花儿睡去，燃烛来照看，那份过日子的精心，是轻拢慢拈抹复挑的精细。

慢慢慢慢，你就成了我的心爱

青岛

青岛的冬天滴水成冰，我们刚从澡堂子里出来，湿漉漉的头发立即纠结成了一束束的小冰棍。我的手和脚都冻了，红肿得像猪爪子，难看倒也罢了（反正我心仪的男兵没有看上我），主要是那钻心的痒和痛令人难耐，后来，我的耳朵也冻了，一滴一滴地渗血，血凝结在我的军衣上，成了一块洗不干净的污渍。

我写信告诉爸爸，我在连队吃不饱，我们的连队为了体现亲密大家庭的温馨氛围，至今没有实行分餐制，我抢不过别人呀！碟子转瞬就空了，我抢不到菜，干吃白饭又吞不下，我饿呀，饿得脸都浮肿了。

爸爸接到信立马就来看我了，爸爸说你这不挺好吗？脸蛋红扑扑，而且还胖了，不错不错！我顿时气结，脸蛋红是因为我是南方人，北方的水土我不服，我哪有闲情胖呀！整天训练累得贼死，而且还吃不饱，我一口咬定是浮肿。爸爸也不跟我争，我们坐在车上颠颠簸簸回即墨老家，我好困，趴在爸爸的腿上睡着了，睡意蒙眬中，爸爸一直在揉我的耳朵，我那冻了的猪耳朵开始舒展开来，像是春天来了，小树苗发出了新芽。

爸爸待了两天就要回去了，我去码头送他，我一直在哭，毫不羞耻地哭出声来，哭得喘不过气来，满大街的人都在看我，多稀罕呀，那个穿着海军军装的小女兵那么傻！肯定是新兵蛋子。

爸爸郑重其事地叮嘱我："要常常揉揉耳朵，搓搓手脚，血脉通了就不会再冻了。"

我哭着点头，爸爸进了候船大厅，我被警卫拦在了门外，我隔着玻璃门看爸爸，爸爸回了头看我，又继续前行，我泪飞顿作倾盆雨，我把脸贴在玻璃上，我的鼻子压扁了，我的嘴巴压扁了，我的脸也扁了，我是一只哭扁了的小丑猫，一只伤心绝望的小丑猫。

爸爸爸爸，我最亲爱的爸爸，请把小丑猫带

走，小丑猫非常害怕孤独地剩在陌生的城市，孤苦伶仃，举目无亲。

苏州

苏州的花事太盛，所有的花儿都像赶集似的，一年到头，总也开不完，虞美人、广玉兰、丝绒玫瑰、香水月季……扳着手指头捎带上脚指头算也算不完。

我恋上了这座城市，恋上了这里的浓浓密密的树荫，恋上了这里匝地遍开的花朵，还恋上了一个年轻的小士兵，傍晚，我们站在梨花树下，我看了那满树的白呀，还有满眼的他。他胖，我喜欢他的胖，他说话声音很粗。我喜欢他的粗，我们在苏州的一个部队医院里集训，白天，在苏州窄窄的河流边，我们装着素不相识擦肩而过，身边来来去去的是刻板严谨的军人。

我们不敢越雷池半步，我们的家乡远隔千里，谁也不曾想过将来，我们都太年轻，还不明白什么是爱情，谁知道在将来漫长的岁月中，到底能不能守住承诺？

十年后，我又来到了苏州，在一个雨天，我去了虎丘，十年前，他曾与我相约在此，踟蹰并徘徊，我终是与之失之交臂。

江南的雨如织，游人亦如织，我穿着橙色的裙子，像一株玫瑰立在雨中，我在赴十年前的那个约会，只是约我的那个小胖子却再也不会柔软地弯起嘴角，露出他的小虎牙飞奔而至。那时候的我，是含苞含情未放的花骨朵儿，不知老之将至，而今的我，花虽开得茂密，却是到了鼎盛之巅，花事过后，颓败的命运在所难逃。

苏州啊苏州，你的气息令我感到熟悉而又陌生，可是今夜，请允许我做你的新娘，请你为我掖紧翡翠绿的缎被，让那温润无比的丝绸裹紧我，我将再一次为你化蛹成蝶！并请你温柔地看护我入眠，我会为你吐露最绚丽的芬芳！

从此后，苏州，在我的梦中，是一匹上好的丝绸，是一枝雨中的玫瑰，柔柔的、软软的、温润无比、楚楚动人。

南昌

武帅帅是南昌邮政路小学二（七）班的学生。

他常对我说：“姑姑是世界上长得最漂亮的，我喜欢姑姑。”

我谦逊地告诉他：“姑姑不是大美女，你喜欢姑姑是因为姑姑对你有耐心，所以说，人格的魅力很重要，它可以让别人亲近你，也会让别人觉得你很美。”

武帅帅似懂非懂地点点头，一溜烟地跑远了。

武帅帅最喜欢周六我去接他下课，接下来的一整天他都可以黏着我，远离父母的监管。

冬天的上午十一点，邮政路开始变得拥挤，自行车扭来扭去地在鸡肠子道上艰难地穿梭，机动车司机干脆把车熄了火，停在那等小学生散去。

可小学生们是多么磨蹭啊！他们一点一点地从大门里冒了出来，武帅帅看见了我，高兴得像小鸭子一样蹦了起来，然后就朝我飞奔而来，他说：“姑姑姑姑，我要买数码超人。”我说：“你不是有好多数码宝贝？”“数码宝贝已经不流行了！”武帅帅很不屑于我的无知，然后挤到街边小店挨家挨家地看，那店里有多少诱惑啊，小刀小剑、小盾牌、油炸的鸡里脊及薯条、文火细烤的肉串，满街飘着香，贩子们用油漆刷子蘸着调料水麻利地在肉串上刷着、数码宝贝或超人的画片、小飞梭（不知道能不能百步穿杨？）……武帅帅指东点西，我揣着银子一路为他买单。

然后我们就去太平洋商厦的底楼，坐在高转

椅上，他点了一大杯优格草莓冰沙，我要一小壶水果红茶，太平洋的背景音乐永远都是草蜢的《宝贝，对不起》，节奏强劲活力毕现，冬日暖暖的阳光缓缓地流淌在音乐中，武帅帅舀一勺冰沙，我轻啜一口茶，然后我们一起——发呆！

不知道亲爱的武帅帅同志长大以后，会怎样来形容记忆中的姑姑大人？弯眉、细眼、窈窕、不足一尺九的小细腰、温和文雅、鸡蛋壳脸上种了好多小芝麻（武帅帅语）。

最重要的是：姑姑出手很大方。

海口

海南是个绚丽的地方，蓝天碧海金沙，椰树在夕阳中摇曳生姿，植物绿得疯狂，热带水果品种繁多，模样俏丽稀奇，在内地见都没见过。在这座充满生机的岛屿，万事万物都有着蓬勃旺盛的生命力，傍晚时分的海滩，年轻的乡下人流连不去，女的将果子藏在身后，说："你到底应还是不应我？不应就不给。"男的拖腔拖调"耶"了一声，伸手便夺，男人女人甜蜜地扭在一起，这也是座充满欲念的岛屿呀！

回程的那日，晚班机误点了，导游把我们领

去了在海口美兰机场附近的灵山寺。据传寺里的香火很旺，供奉的菩萨灵验，许下的愿都能兑现，很多人专程前来还愿呢！

我随了人群来到大殿里，所有的人都虔诚地双目紧闭，双手合十置于胸前，再谦卑地弯腰屈膝叩首，一片涅槃般的寂静，僧人不失时机地敲响了钟，一声一声又一声，殿外吟起了药师咒："愿我佛身如琉璃。"我的眼泪瞬间涌了出来，我是唯物主义者，但这里有一种神秘的氛围，它击中了我的心，就在这温柔的夜色中，在这清凉的海风中。

它到底是什么呢？是充满温情的咒语，还是一只施了魔力的戒指？它穿越过虚渺的时空，滑过我冰凉的指尖，从此，牢牢地套住了我，片刻也不曾稍离。

那些飘落在天涯海角的记忆呀，慢慢慢慢，聚拢在我心里，慢慢慢慢，你就成了我的心爱。

唯不忘相思

一

早已摆脱了少女情怀，但依然对这样的故事情节情有独钟：那是在20世纪初西班牙，那年的达利25岁，已功成名就。他的成名作《永恒的记忆》，描绘了一个荒诞怪异的世界：在明媚而又荒凉的风景中，柔软的钟表无所不在，在高高的树梢上，在深邃的海水中，画作也许寓意着时光流逝，也许是杂乱无章的潜意识。那时候的达利既童真又狂妄。他说他6岁想当厨师，7岁想当拿破仑，从此，野心与日俱增。直到有一天他在家乡海滩度假，偶遇加拉，他发现他的野心原来是一场一见钟情并相伴终老的爱情。这个女人令他无比震撼，他觉得她宛如布拉曼特的小礼拜堂一样优美动人，他悄悄地注视她，她却恍若未觉，她身着游泳衣裸露的背，令达利笃信，这个女人是他命中注定的妻子，她是上天依照他的梦想一点都不走样地塑造的，虽然她早是他人之妇。

当然这只是从达利的视角望去，若干年后，当我们重新打量加拉：她比他大 10 岁，在他们的合影中，每张都透露出无限亲密，他的手臂充满了力量的美感，拥她入怀，她或是笑靥如花，或是沉醉春风，但脸庞上终是有掩饰不了沧桑，那是岁月留下的印记。

然而，加拉却是达利一生中至关重要的缪斯。没有她，就没有达利。她给了他无数的创作灵感。在他的画笔下，她是天使，亦是妖姬。他描绘各式各样的她，时而绽放着圣洁的光芒，时而裸露着身体散发着情爱的气息，他用细腻的笔触描绘她的乳房、她的下体。他用画笔触摸她的身体时，光线色彩开始变得明亮和谐，那个潜藏在心中四处奔突的野兽似乎被关起来了，夸张变异的世界不复存在，他小心翼翼地描绘着她，加拉的寻常容貌在他的画笔下熠熠生辉。

加拉对于达利的吸引，绝不仅仅来自于高辨识度的肉体关系，更来自于高辨识度心灵的皈依。

这就好比是章诒和看张岱，她说：“若生在明清，就只嫁张岱。”哪里人声鼎沸，锣鼓喧天，哪里肯定有张岱；曲终人散，风冷月清，有人吹出一缕悲箫，那听客依然是张岱。亦如查泰莱夫人初遇她的情人，那个苍白的女子，生活富庶，然而心中总有着莫名的惆怅。她散步时走入森林，有时会想把衣服解开，感受清冷的空气、鸟的鸣叫、水在丛林中的流动。直到有一天，她遇到他在洗澡，看到他的身体，她忽然觉得暗流涌动。她与他的身体有着极高的默契，结束后，两人眼中都饱含泪水，拥抱着感觉对方的体温。他们的流泪，是因为真正把自己的身体交给对方，亦懂得对方的身体。

这种高辨识度，如人饮水，冷暖自知，旁人无从用世俗的标准去判断这段关系是对是错。

达利的父亲极力反对这段不伦之恋，达利因之与父亲决裂。达利在述及他的爱情时说：“她能治疗我的神经质、焦虑和暴力冲动。”也许，正是因为拥有这种抚慰心灵的能力，加拉才能驯服狂野的达利，是达利终生的灵感泉源。这亦不难解释，何以在达利的画中，加拉以圣母的形象出现。

达利和加拉私奔到利加特港的一个荒芜的小

渔村，早晨，金子般的太阳在海面上跳跃，傍晚来时，夜风吹拂下的小渔村凄清得令人心碎。达利的许多作品都反映了他对这一港口的挚爱，毫无疑问，加拉也是达利一生的挚爱。他们相守了55年，在达利80岁的时候，加拉离开了他，从此生死永隔。在失去加拉5年的时光中，达利与世隔绝，他失去了灵感的缪斯，从此停止创作；亦失去了对生活的热情，他的健康状况每况愈下。1989年1月23号，达利离开了这个孤单的世界，和加拉永久相守。

二

周末的时候，开车去庐山西海，原来这里被称作永修柘林湖。依然是那片山水，改了名字，忽然有了点与国际接轨的意思。不过那辽阔而又清澈的湖水，倒也未曾辜负了"西海"这个称谓。

一路上盘山公路路况极佳，过往车辆稀少，难得见到行人，西海就像被人遗忘在世界某个角落。难怪诗人赵丽华说西海是个"适合隐居和私奔的地方"。

景致带着风的痕迹从车窗外次第掠过，偶尔会瞥见有高大的芦苇在风中摇曳，还有农户在家门口搭了简单的案板，挂了铁钩子卖土猪肉。房子是二十世纪建造的红砖房，色泽暗淡，然而那种贫穷、温存而又遗世独立的气息令我忽然想起二十年前我年少轻狂时的梦想，不过是想过这种世外桃源般的生活，就像达利与加拉一样。然而命运不再回头，我再也回不到那个纯真的年代。

黄昏来时，西海的夜缓缓地拉开了帷幕，街灯寥落，清凉的月光如轻纱般笼罩在远处的山峦。树和灌木是远山的剪影，细细密密地依次生长。光影中，依稀是那段写满了心事的年少时光。

回忆就像无人旷野里漫无边际生长的植被，莽莽苍苍，把脸深深地埋进去，即便是落泪，他人亦无从知晓。那样的日子，即便是贫穷而听风声也是好的，然而我们已然走失。

西海就像记忆中年少时爱过的他的家乡、空旷的田野、无人的星空。沿公路旁栽着密密匝匝的油菜，大片大片的油菜花盛放时，宛如潮汐般涌来。

不同的时节，油菜会呈现出不同的状态：郁郁葱葱地生长，挨挨挤挤地长出绿叶子，时节差不多了，总有三两枝耐不住性子绽放出花朵，像是乍暖还寒时，爱美的女孩子提前穿上的心爱的长裙。五月份，油菜花开得铺天盖地，一如我年少时的爱情：热烈而又闲适。

在那样的年华，喜欢读蒋捷的词，轻巧、明快。他的《卖花人》就像描绘千年之后这座小城风俗的水墨白描画：

> 担子挑春虽小，白白红红都好。
> 卖过巷东家，巷西家。
> 帘外一声声叫，帘里丫鬟入报。
> 问道买梅花，买桃花。

蒋捷的词格局并不辽阔，但也并非一味纤丽，虽有锋芒，也不过是天鹅绒里隐藏的麦芒，有着洛可可风般的典雅；纵是“一片春愁待酒浇”，依然保持了身段与格调：“少年听雨歌楼上，红烛昏罗帐。壮年听雨客舟中，江阔云低，断雁叫西风。而今听雨僧庐下，鬓已星星也。悲欢离合总无情，一任阶前点滴到天明。”世事无情，但总还会有人结庐问山，安静地等着心上人的归来，款语温存：“何日归家洗客袍？银字笙调，心字香烧。”

那样的年华，还喜欢安徒生童话中的意境：鹳鸟从遥远的地方飞来，带着它的小鹳鸟迈着长长的腿走在田野上。啰啰唆唆地讲着埃及话。

当我和他手挽手一起走过狭长的山路，会想：什么时候我会定居在这座小城？什么时候，也会有我的小鹳鸟跟着我，听我讲单调而又诗意的童话？

幽深的夜里，我们仰望星空，风过处，远处的密林在叽叽喳喳地密语，溪流急匆匆地奔向更阔大的水系。在清凉露水浸润过的田埂上，我们许下誓言说要永远在一起。然而过往的日子像风穿过林梢再也无迹可寻。

只有当某种气息、某个场景将回忆的耳朵唤醒，过往的日子才会又回到心中，就像是一种被称为沙漠玫瑰的美洲蕨类植物，人们又称它为复活草，只要遇到一丁点的水，它就会复苏并绽放出迷人的绿色。

三

西海的夜晚，是回忆苏醒的夜晚。

在那个苍茫的夜晚，仓央嘉措的《尘缘》就像年少时许下的庄重的承诺，穿越无数的辰光与我劈面相逢：

那一刻，我升起风马，
不为祈福，只为守候你的到来。

那一日，我垒起玛尼堆，
不为修德，只为投下心湖的石子。

那一月，我摇动所有的经筒，
不为超度，只为触摸你的指尖。

那一年，磕长头在山路，
不为觐见，只为贴着你的温暖。

那一世，转山不为轮回，
只为途中与你相见。

那一天，我闭目在经殿的香雾中，
蓦然听见你诵经的真言。

那一月，我摇动所有的经筒，
不为超度，只为触摸你的指尖。

那一年，我磕长头匍匐在山路，

不为觐见，只为贴着你的温暖。

那一世，转山转水转佛塔，
不为修来世，只为途中与你相见。

那一夜，我听了一宿梵唱，
不为参悟，只为寻你的一丝气息。

那一月，我转过所有经轮，
不为超度，只为触摸你的指纹。

那一年，我磕长头拥抱尘埃，
不为朝佛，只为贴着你的温暖。

那一世，我翻过十万大山，
不为修来世，只为途中与你相遇。

那一瞬，我飞升成仙，
不为长生，只为佑你平安喜乐。

历尽岁月沧桑之后，我终于明白了生活的本真。

多年以后，我依然深爱着那座小城，那城市湖泊里密密生出的荷叶，山寺庭院里疯长的南瓜藤蔓，散落在住宅门前转动花盘追逐阳光的向日葵……如果一切能够卷土重来，我愿意用一生的时光守候爱情，细数光阴的流逝。

多年以后，我终于明白，爱不再需要世间的一切繁杂拖累来证明，而是像水溶于水中，你中有我，我中有你，共生共荣，浑然难分。

在日复一日繁复的仪式中，在不停飞逝的时光中，即便相逢与别离、尘埃与温暖、守候与飞散、悲伤与喜乐全然湮没在时光的漫漶深处，然而回忆与爱从不会被抹去，我依然在那儿，未曾走远。

第四辑 愿春天在你心中

愿春天在你心中

又是新年，贺年卡雪片般飞来。恭贺新禧的话写得铺天盖地，其中有一句很别致：愿春天在你心中。

收到卡片的那一整天，我都沉浸在文字的美感中，寒冷的冬日里，我仿佛看见春天正徐徐展开。

接下来，我自己动手制作卡片，在白纸上，我用浓艳的绿绘了成行的树，再写下这诗句一般的话，我要把春天描画，我想把春天寄给那座城市。

在那座城市，黄昏来时，我总是寂寞地站在窗前张望，看晚霞在天空燃烧；看麻雀在窗前的空地上跳跃，那利索劲儿就像农村走家串户的媒婆，小脚、麻溜、饶舌；看穿了军服的战友们，宛如一株株小树苗，风姿挺拔。

眼下，树苗是移动的，原来是韩小薇和许锐。他们一前一后地走着，我知道他们是去海边呢。

韩小薇是我们新兵连的班长，比我们早当几年兵，在部队里，老兵拥有许多特权，他们行动相对自由，有大把空闲的时光，女兵可以把头发留长，烫成细碎的卷儿，甚至，还可以谈恋爱。

晚上十点了，熄灯号吹响了，韩小薇没有归营，十一点，韩小薇还没回来。莉莉着急了，别是出了什么事吧？起床，套上衣服，我们去找找。

我们一队女兵手挽着手出现在郊外的海边，午夜了，月光淡淡，清辉铺满了沙滩，月亮还没睡去，它圆圆的脸庞在云朵中半明半昧。一排排海浪呼啸而来，来势汹涌，却又无声无息地退下，像一只只凶猛的怪兽。月亮总是与自然界中某种神秘的事物有着暗合，比如潮汐。

柔软的沙子湮没了我们的足音，沙子下面有东西硌痛了我们的脚，谁躲在沙子下面？是小贝壳、小蟛蜞吗？我们吵醒了它们吗？它们会感到害怕吗？在这陌生的海滩。

海浪只顾着退潮，匆匆地去赶下一个约会，却不小心把它们留在了这里，它们还能回到幽蓝的海水中吗？那里生满了细细的、长长的水藻。海底深处，坐落着海王宫殿，在没有遭遇爱情之前，美丽的小人鱼头戴花冠，鱼尾上附着半打牡蛎，是尊贵的、无忧的公主，偶尔浮到海面上透透气，可以看到无数的鸥鸟掠过水面，飞快如箭。

我们齐齐喊道："韩小薇，韩小薇，韩小薇！"

海浪吞掉了我们的声音，礁石像奇形怪状的恶魔，我们一群胆小鬼，战栗着在海滩上行走。

海啸中仿佛有歌声传来，若有若无，益发显得虚无缥缈。是海妖的歌声吗？传说中的海妖塞壬半人半鸟，住在一个长满花草的岛屿，每逢有船舶驰过，她们就站在葱绿的海岸上曼声歌唱。

走近了，我们看见，韩小薇拨弄着木吉他，唱的是《缘分》："有缘相聚，却无缘在一起……想你念你在梦里，问此情何时已。"

这首歌，韩小薇曾教过我们，那是在一个星期天，韩小薇抱着木吉他坐在樱花树下，春风拂面，逶逶迤迤唱来，我们都说："好听啊，好听！"

可这会的韩小薇，神情忧伤，一缕乱发散在脸颊，脸上还有泪痕，几步之遥，许锐呆若木鸡地立着。

那时候的我们太年轻，少不更事，不知道爱

情究竟意味着什么，为什么，它会令人如此忧伤？

冬天到了，韩小薇退伍了，来年冬天，许锐也退伍了，听说，许锐没有回乡，而是直接就去了韩小薇居住的城市，韩小薇在火车站接他，一见面，就给了他一个大大的、热烈的拥抱。

许多年过去，不知道韩小薇和许锐结婚了吗？他们还在一起吗，他们在我的回想中，就好比是晏几道的词：“记得小苹初见，两重心字罗衣，琵琶弦上说相思，当时明月在，曾照彩云归。”填词时，小晏正年少，早霜如锡，熠熠发光，人生永远有着只若初见般美丽。

新兵连训练结束了，我们分到了警通连，男兵负责警卫，女兵则从事通信工作。不用值班的时候，连里也不让我们闲着，跟着男兵一起去训练。

青岛的春天来得晚，五月仍然春寒料峭。训练操场边的花圃里，挨挨挤挤地生满了花。旱金莲的叶子小而细致，每一片都呈现出特殊的美感。小小的橙黄色花朵是一张张娇嫩的脸蛋，它们天真地仰着脸儿，等待阳光的吻与拥抱。而瓜叶菊是甜蜜的小姐，她引来无数蜜蜂先生的爱恋。

我们开始踢正步，从操场这头踢到那头，所

过之处，飞扬起一阵阵尘土。我们在尘土中卖力地踢着，像一群在尥蹶子的小母马。踢了一阵子，男兵班长说："休息了！"可休息的是男兵，我们女兵班长说了："咱偏要比男兵强，他们休息咱不休息！"

于是，我们开始练蹲桩，班长要求我们拉开马步，双拳紧握，双目直视东方，东方太阳欲晓，光芒万丈，刺得眼睛睁不开。班长说："眼睛要炯炯有神，瞪大点，再瞪大点！"

班长还要求我们一拳一拳打出去，每一拳都要虎虎生风，嘴也别闲着，就像霸王花一样，"嗨嗨哈哈"地喊着，以壮军威。

然后，我们又开始练擒拿与反擒拿。我和胖妞分一组，她身形魁梧，力大如牛，她牢牢地扣着我的手，我怎么挣也挣不开。我的脸涨得通红，我听见男兵们在一旁交头接耳，叽叽喳喳地，一定是在笑话我，我觉得我的样子蠢透了。这该死的胖妞，干吗这么较真儿？

从训练场下来，轮着我和胖妞值晚班，其实就是守总机，转接电话。胖妞在主台上和别人聊得眉开眼笑，所有的电话都转至副台让我来接。

夜深了，电话逐渐稀少，我昏昏沉沉睡去，

朦胧中，我听到胖妞和人约好第二天见面。

清早，起床号嘀嘀嗒嗒地吹响，胖妞兴奋地搡我："快起来，快起来，我和那个男兵约好在后山见，哇噻，他声音真好听！"

我懒懒地应道："声音好听的男人都是丑八怪，真正的帅哥不显山不露水，才不跟你这胖妞黏黏糊糊！"

"你胡说！"胖妞很气愤。

我懒得回嘴，只顾洗漱去。

胖妞央求我："陪我一块去，好不好？"

不去！我扫她一眼："昨儿的手都给你打肿了，有你那么练擒拿的吗？"

"哎呀，对不起，对不起！"胖妞一迭声地说。

我不理她，胖妞殷勤伺候着，最后，胖妞庄重许诺，只要这次陪她去了，回来，她将帮我拆洗被子。

这倒是个好主意！我欣然应允。

胖妞掏出一面小鸭蛋镜，在镜前描眉画眼涂口红，扭了十八遍，才肯出门。

我们一起喘吁吁地跑到后山，那果真有个小男兵，刚刚长了胡须，又瘦又矮，还特别黑，一张口，满嘴拐来拐去的乡音。

胖妞和那个男兵彼此对对方都失望透了。胖妞平日声音粗犷，可她在电话里都是捏细了嗓子说话，让电话线那端的他认为，话筒里藏了个娇柔甜腻的小妹妹。

他们的见面类似于今天的网恋见光死。见光死俺倒不怕，可怕的是：胖妞虽然很不情愿地履行了诺言，拆洗了被子，却不肯帮我缝，害得我自己粗针大线地缝上，虽勉强保暖，可内务检查屡不过关，总是挨批评。

有一天，班长把我的被子从上铺拽下来，扔在地上，令我重新叠过。我在地板上忙碌着，手足并用。

班长说："你有意见是不是？"

"没有啊，没有！"我赶紧说。

"没有？那嘴怎么噘得能拴一只小叫驴？"

那些往昔的回忆，活色生香，就像《金瓶梅》罗列出令人心心念念的美食：用薄荷、橘叶包裹的蜜炼杨梅，玫瑰松搽穰卷儿，白潋潋的酥油，浓浓艳艳的木樨茶，琥珀一般澄澈的麻姑酒，用一根柴火就能烧得稀烂的猪头，引得相公清客来蹭饭的糟鲥鱼、腌螃蟹，咬一口，满嘴充盈着甜蜜的秋意。……那么琐细，却又充满了人世的清欢与美感。

想着想着，我的心里就装满了春天，想着想着，贺年卡就做好了。我要把它寄给那座城市，让它在我的记忆中永远都是春天。所以，我在信封收信人的一栏端端正正地写上：青岛。

我把信封粘好，投入绿色的邮筒。我知道，那座遥远的城市一定能收到这关于春天的问候。

在我的心中，春天不再是季节中的某个节气，它已经虚拟成一个符号，一曲心事，一段过去的青春岁月，以及某种难忘的情怀。

春天它就在我心中，我奢侈地拥有了整个春天。

有一种情怀

我和莉莉是最要好的朋友，我俩形影不离，莉莉来自扬州，那儿盛产美女，果真名不虚传。可莉莉常深为自己身体某个部位为憾，她说：“女人平胸就像男人无须一样，没有味道。”

但莉莉所到之处，男兵们的惊艳及爱慕的眼光如鸽子一般，在她周围扑扇着翅膀盘旋不去，人送外号“小妖精”。

我给这小妖精比得其貌不扬，鼻子不是鼻子，眼不是眼，但我毫不介意，和小妖精在一起真是愉快啊！

我们买了好多梅子，坐在蚊帐里啃，吐了满地骨碌骨碌滚的核。周日上午，她上街回来，把我弄醒，兴冲冲地喊：“武屁格武屁格（pig，猪，是她对我的爱称）快起来，我给你看样好可爱的东西！”原来她买了一只小瓶子，她旋开盖子，噘着嘴吹出一大串肥皂泡。我呸，这点破事也扰我一帘幽梦！我顺手操起鸡毛掸子：“是不是要给你插在屁股上，做回妖精去？”还有一回，俺俩的银袋子都空了，周末坐在宿舍里枉自嗟叹，我卷起铺盖，做凄凉状：“奴去也，休牵挂。”哪知被褥下面全是小零钞，铺了满床，小妖精大声尖叫：“我要五盅红油抄手，半只脱骨猪手，话梅李、半边桃各半斤，枇杷上市了耶！”

五分钟后，我们坐在木梳路的小铺子里，我恍然想起褥子下的小零钞是在平日手头宽裕时，顺手搁的。

“你怎么像老太太呀，把钱藏在鸡屁股里，记性还不好！”她埋怨我。

“你这女子，十分粗鲁，那不雅的玩意儿怎可与我的香闺比拟？长此以往，必定无汉子肯讨你回家！”

话虽如此，有一梁姓男兵讨她做堂客的意向十分强烈，他向小妖精发起了强大的文化进攻。

他给小妖精写信，虽从无回音，但丝毫不减弱他投稿的热情，从如雪片般纷飞的来稿中，盲人都可以看出他诗词曲赋样样皆通，虽然他从不注明引自何处。

小妖精高傲得很，不肯接他的信，那人瞅准我的善良，央我做地下机要交通员。一日，小妖精恼了，决计退信，她把来信撕成片片，用白纸包了，塞进信封封好，让我给那厮。我在连队活动日时给他打了个眼色，那厮心领神会，尾随而出，我俩在厕所门口秘密接头，他神情激动地接过厚信溜进厕所佯装如厕。

我和小妖精搂着肚子，乐不可支，想那鸟人，连队喧闹，十分不便，他满怀喜悦，屏住呼吸，匿迹厕所，信封启后，不知怎样捶胸顿足、满腔悲愤？

老话云：福兮祸之所倚，乐兮悲之所倚。伤心的日子果真在后面等着。

年终了，听说队里有两个入党的名额，我是多么渴望加入光荣的党啊！为此，我连夜借来党章，在小床头柜上摊开珍贵的红宝书，时而沉思，时而奋笔疾书，因受文化水平的局限，对我党的理性认识大部分摘抄自党章，最后我在末尾大胆地抒情："我把党比作母亲，党啊，您的光辉照耀着我，请把我纳入您宽阔的胸怀吧！如果，您暂不接纳我，我视为对我的考验，我将永不气馁，永不灰心。”

在那个呵气成霜的冬天，我满意地通读了一遍申请书，歪歪扭扭地签上了我的大名。

那宽阔的胸怀果真不肯接纳我，虽然我知道那是母亲在考验我，可我还是怀着一颗痛苦的心钻进了被窝，好温暖呀！不一会儿我就坠入了梦乡。梦中，有个纤细的、柔弱的小女兵在漫天晶莹的大雪地里彳亍，她戴着栽绒棉帽子，帽褡子垂下来，像狗耳朵那样呼扇呼扇，她踏着大头棉鞋，在雪地里印下一串串笨拙的鞋印子。连队的大门上挂了厚厚的棉帘子，呼啸的北风被挡在了门外，玻璃窗上贴了喜气洋洋的剪纸窗花，喜鹊登梅的图样，是来自胶东农村连长太太的杰作，窗外结满了厚厚的霜花，屋里生了火盆，木炭燃烧时吐出红红的舌头，一下下地舔走身上的寒气，火钳叉开两条腿架在火苗上，金黄色的馒头片及脆脆的山芋干烤得噼啪作响。连长邀请小女兵到队部谈心，小女兵站在屋门口使劲地跺掉鞋上粘的冰粒子，拂去飘落在肩上的雪花，连长招呼文书小赵去沏杯茶来，并热情地对小女兵说：“武屁格，吃馒头片吧，武屁格，吃山芋干吧！”

可屋里怎么还这么冷啊，我睁开眼看，原来

小妖精起得早，敞了门窗在看雪，这是今冬后第一场雪耶，它漫天飞舞，像一朵朵花儿一般，凌空盛开在树梢上，盛开在屋顶的片片青瓦上，盛开在我弯弯的眉梢上，盛开在我红扑扑的苹果脸上，它还乘着北风的翅膀，飞进我青春的怀抱中，倏忽一下，也再寻不着踪影。

多年以后，我回忆当年那喧闹的快乐以及透着浅薄的忧伤，我才明白有一种情怀，它只属于青春。退伍后，与小妖精从此失去了联系。在某个慵懒的午后，我偶尔翻《水浒》，读到鲁智深，那个莽撞的汉子却忽然让我想起了小妖精：作为汉子，鲁智深有气有势，然而他也真是妩媚：相国寺里倒拔垂杨柳、拳打镇关西、大闹野猪林。征辽平叛之后，宋江要他还俗为官，鲁智深却说“洒家心已成灰”。宋江听了，默上心来，各不欢喜。那一瞬间的鲁智深，通体弥散着自由的光芒，一切有情，皆无挂碍，真是妩媚至极。

那个通体弥散着自由光芒、妩媚的小妖精如今去了哪里，她现在还好吗？十几年前的夏天，年轻的我们在绿色的军营集训，在现实中跌跌撞撞，屡战屡败，屡败屡战，然而依然勇气非凡，青春是一茬又一茬割不尽的杜鹃花，那时花开，曾经繁华，我们的生活是爱与等待、誓言和时光。如今生活水落石出，寂静泥淖，终归平静。青春需要时间来成全和考验，当时光飞逝而过，它依然元气充盈，满溢着往昔的色彩和温柔，像一颗脱水的酸梅，放在嘴里用口慢慢浸湿之后，风味才会慢慢弥漫。

这一切真好。

在回忆的当儿，我就开始阅读我心爱的《安徒生童话》，我无法解释为何如此热爱安徒生，从我能识字起一直到现在，《安徒生童话》陪伴了我整个青春时代。某日，在重读《踩着面包走的女孩》时，我禁不住泪流满面。故事中有个名叫英格尔的女孩，在经过沼泽地时，怕弄脏鞋子，把面包垫在足下，结果沉到沼泽地里，谁也不曾同情她，只有一个小女孩为她忧伤过。小女孩老了，她在临终时慨叹道："上帝啊，我不知道我心里是否也充满了傲慢的思想，我不知道是否也像英格尔一样，常常无心地踩着您赐给我的礼物，但您在慈悲之中并没有让我坠下去，却把我托了起来，请您不要在最后一瞬间离开我。"

在我成长的过程中，我又何尝不是英格尔呢？常常在无心中踩着了上帝赐给我的礼物。

如今，我终于懂得了悲悯、宽容、感恩以及爱，懂得了珍惜现在所拥有的。

我知道这一切皆缘于：上帝在慈悲之中，向我伸出了他仁爱的、光芒万丈的手。

厨房情话

一

从训练场下来，穿过一条两边种了白杨树的大道，就到了我们连队食堂的前门。在春天，这条大道上绿荫匝地，繁花密布，千朵万朵压枝低，暗香袭人。冬天，雪花飞舞，绵密、缱绻，落在栽绒的棉帽上盘桓不去。

我们在训练场上操练了一整天，哪有闲情去看花，赏雪，只是觉得饿，恨不得立时冲进餐厅，抡圆腮帮子大吃。

可天下哪有那么便宜的事！心里着急，还得几十个人手脚划一、步调一致地走着整齐的方阵队列，班长是个老兵，她故意捉弄我们似的，时不时地来个立正，训斥一番，男兵方阵一个接一个地擦身而过，他们帽子后的飘带上绣着铁锚，水兵服的衣领是一块大大的方手帕，镶了白色的边，从没见过这么浪漫、这么帅气的军服！百看不厌呀，我们一队的女兵全都斜斜地望了去，班长恨铁不成钢，咬牙道：“你们怎么见了男的走也走不动？向后转，齐步走，从头走一遍！”

相形之下，帮厨可是件大美事，谁不争着抢着去呀，除了可以逃避训练的劳累，还可以大饱口福。

这天终于轮到我和小潘潘帮厨了。我俩喜不自胜，手挽着手，美滋滋地来到厨房。厨房在食堂的后门，穿过一道幽暗的走廊，就是工作间，这是间明亮的屋子，腰墙上刷了苹果绿的漆，一张大面板靠墙平搁着，是用来揉面的，再出去就是灶房，一个大灶台，一支铁锹，是炒菜用的，一个铝制的大澡盆，是盛汤的家伙。炊事班赵班长来自河南农村，自打当了兵，就不愿回乡下种地了，凭表现也托了关系转了志愿兵，日复一日地在厨房里打发寂寞的日子，指望转业后能分配在城里当个正式工人。

赵班长身怀绝技，他能用一个鸡蛋做一锅汤，每一勺舀下去都能捞着蛋花，供全连的人喝。多出来的鸡蛋，他偷偷拿去做了鸡蛋糕，送给要好的女兵们。

“赵班长，你真好！”我拿着油汪汪的鸡蛋糕，一口吃掉大半边，真心实意地说。

“唏，好有啥用？”面板上一只小蚂蚁在爬，赵班长揪下一个面团，瞅准了砸过去，一砸一个准，然后，他又把粘了小蚂蚁的面团揉进面里。

“呀，这能吃吗？”我质疑道。

怕啥，赵班长若无其事地继续揉面团。

“咦，你真脏！”我说。

“你说啥？小妮子，俺往死里揍你！”赵班长不高兴了。

说也奇怪，在我们部队里，分在伙房里的人好像不怕脏。他们在灶间通烟囱时，熏一身烟灰，也不爱洗澡；他们盖的被子油渍麻花，肥腻腻的；他们住的屋子，白墙上印了一只只乌黑的手印，还有解放胶鞋底的花纹。

可就这么一个龌龊的地方，却分了一个上海兵，我们管叫他亮亮。他出现在这厨房里，真的是太明亮了，他皮肤白皙，眼神清亮。他不像其他伙房兵那样邋遢，随随便便穿件对襟棉袄或绒衣，他每日都穿着漂亮的水兵服，剃一个光头，益发显得唐僧一般，唇红齿白，他的举手投足之间，散发着一种大都市人才有的慵懒气质。

二

尽管上次和赵班长闹别扭了，可这次来帮厨时，赵班长不计前嫌，照样拿出鸡蛋糕款待我，说："你这小妮子，能干啥呢？切个菜，那么大一片，吓死个人；洗菜吧，手上长冻疮，下不得水；让你揉个面吧，揉出的面不筋道！"

"我能干啥？我能陪你说话呗！"我说。

"那倒是，我就爱听你这八哥嘴胡诌诌。"赵班长慷慨地把一袋子鸡蛋糕都给了我，暗暗地叮嘱，可别让小潘潘瞅见了。

"你放心，小潘潘正沉浸在爱河里，哪有闲工夫看我呀！"

我摆摆手。

"爱河？啥爱河？"赵班长穷追不舍。

我忙把话题扯开："呀，我跟你说说我们南方吧，南方的河流波纹细致，南方的夜晚明丽撩人，南方的软风柔媚，不像北方的风那么糙，南方人不容易老。"

"是哩，北方儿郎易老哩，经不得时间的打

磨。”赵班长附和道。

“赵班长，你有媳妇儿吗？”

“没哩，说个媳妇要好多彩礼，俺家穷哩！”赵班长说起这个话题就很黯然。

“等我退伍后，你就到我家来吧，我养着你！”我傻叽叽地说。

赵班长笑了：“傻妮儿，那时候，你是别人媳妇儿，当不得家哩！”

“谁说的，我怎就当不得家？我偏要养着你，你还给我揉面，送鸡蛋糕给我吃，好不好？”

赵班长知道我是个傻妞，也不接我这茬儿，低头揉他的面去了。

三

我好像是比同龄人要晚熟一些，别人读书的时候，我常常逃学；别人开始恋爱了，我只顾着长傻个子；别人结婚生子了，我又开始把书捡起来苦读。

那时候的小潘潘恋得如火如荼。她和云南的小丁早就好得就像扭麻花，他俩眉目传情，夜半起来，躲在连部的俱乐部里幽会。周日，双双请了假，找个小电影院看电影，就在他们热恋的当儿，亮亮被调到了我们连队的食堂。他的出场，就像是《天鹅湖》里的王子无可奈何地坠入了凡尘。他不爱说话，神情里总带些落寞。

小潘潘说："他真帅啊！"显而易见，小潘潘被他给迷住了。

在爱情的驱动下，小潘潘主动提出给亮亮洗衣服、缝被子，只有我才知道小潘潘有多懒，她就那张脸拾掇得光鲜。

亮亮开始说话了，亮亮跟小潘潘说大上海，他说他喜欢繁华的淮海路，喜欢巴黎春天商厦前的露天咖啡座，坐在那，看人来人往，川流不息，觉得生活是沸腾的，充满了激情，透过这些，他甚至能感觉得到城市律动的心。小潘潘说："是吗？以往我只知道南京路。亮亮有些鄙夷：南京路跟淮海路比，少了那份格调，知道吗，格调！"

两个人说着说着，就忘乎所以，忘了择菜，两双手握在一起。亮亮说："你的手真好看呀，这么修长！"小潘潘有些激动："你果然有格调，小时候，军区的阿姨们说，小潘潘的手这么漂亮，该弹钢琴呢！只是，只是，我爸只是军区后勤的工人，哪有条件呀。"

说起家境，亮亮也不语了。王子只是他的外

形，亮亮家也是平民百姓，日后与小潘潘长相厮守，是想也不敢想的事。

让小潘潘加入上海的户籍，对他而言，比登天还难。

一谈起现实，两个人的爱就有些欲说还休。

小丁不是傻子，小丁对小潘潘说："跟我去云南吧，只要有我一口饭，决不会让你饿着。"

小潘潘很感动，相形之下，亮亮爱得不够深，户籍算啥呀，工作算啥呀，他怎么就那么市侩！

小潘潘对亮亮说："我只喜欢有勇气的男人，我，不想和你好了！"

此后，小潘潘果真不理亮亮了。

亮亮心里气呀，这气直到有一天，他发起了一场不义之战，把小丁揍了一顿才消。

亮亮虽是这场战争的胜利者，可挨了个处分。为此，小潘潘颜面尽失，连长多次在集会上不点名地批评，但谁都知道连长在拿小潘潘说事。

小潘潘爱情的天平更倾向小丁了。退伍后，听说小潘潘在家乡只待了一阵子，就毅然决然地跟小丁跑了。

最后，她嫁给了小丁。

四

多年以后，我和小潘潘在绳金塔庙会上遇着了，她牵着她的儿子闲逛，脸色有些憔悴，却还记得笑时掩口，颇有几分风情，让我依稀找到当年小潘潘那小家碧玉的模样。

小潘潘告诉我，方才在赣绣馆里，居然看到一条类似水兵帽后的飘带，上面绣着几个端秀的字："寂寞蓬窗锁冷云。"

她的心里忽然感到针扎一般的疼，老天，十几年了过去了，怎么又让她看到了它！

第五辑 知音难再得

知音难再得

有一个朋友，已经功成名就。她自己也认为生活十分愉快，她拥有智慧和美貌，她还上得厅堂下得厨房，有着一手的好厨艺，这是很多“铁娘子”的致命伤，别看她们在外面叱咤风云，可是回到家里，却备不下一口热汤菜。可她不一样，她会炖燕窝和鱼翅，还会做家常小菜，啤酒鸭、红烧鱼是她的招牌菜；她会酿米酒、腌咸鸭蛋，做辣椒酱和肉皮冻；在去散步的田埂上，她还会别出心裁地摘几朵南瓜花，做成一道清新淡雅的小菜。

可有一天夜里，她做梦又回到小时候。那是一个冬天，天色暗得很早，她回到家，厨房里正燃着熊熊的灶火，锅里炖着肉，那肉香就像一把小钩子把她钩到厨房，她吸着鼻子说：“呀，好香啊。”父亲正拿着一把火钳捅炉膛，好让火烧得更旺一些，父亲不假思索地操起烧红的火钳向她摔了过来，砸在她的脚上，她尖叫一声，就像一只被踩着了尾巴的猫，逃出家门。

外面雪花纷飞，她不知道去哪里，找了一个僻静的角落坐着，不停地抽泣着，满心的委屈，看着天色一点一点变暗，最后看着黑夜将黑色的帷幕严丝合缝地拉上，不让一点点光亮透出来。远处人家的灯光透出混浊的玻璃，微弱得像一支风中的蜡烛。她又冷又饿，偌大的一个家庭，父亲、母亲、奶奶和众多的弟弟，没有一个人出来寻找她。

当她拖着冻僵的脚回到家中，家里早已熄灯睡下，没有一个人为她的不在场感到忧虑不安。

梦醒后，她无声地流泪。童年的伤痛就像有人无心在小树苗上刻下个印记，日后哪怕小树苗长成了参天大树，那印记依然还在。

人生中许多伤痛的记忆随着岁月的流逝渐渐走远，我们以为已经淡忘了，可在某些时候，它又以梦境的形式出现，强悍地提示这种伤痛。这种缺乏温暖的成长经历令她个性鲜明张扬，在处理许多事情时刚性有余，也令她在少女时代强烈地渴望有个温暖的家，有个知冷知热的男人，对她的一哭一笑还一应的男人。

有一段时间，她以为她真的找到了，那个人英俊沉默。她住在集体宿舍，是一座老式的筒子楼，没有水池子。她爱卫生，每天要用很多水，他帮她一桶一桶提水到屋里，就这么件小事，她认定他会对她好，决定要嫁给他，尽管他一无所有。

婚后的她，住在借来的房子里，房屋虽然破旧，她却满怀欣喜。工作之余，她承揽了全部的家务：她买他喜欢吃的菜，炮制出满屋子盛大的香气；她打扫卫生，窗玻璃和家具散发着洁净的光芒；他喜欢穿白袜子，她帮他洗臭袜子，晒干了的袜子塞在皮鞋肚里，只为他不需要花费一点点力气就能找到袜子。

她对他的好不是要他回报，只希望他懂得。

有一天，她骑自行车去接儿子下课，大雨滂沱，雨点打在她的眼镜片上，遮住了她的视线，在家门口，她摔了一跤，和儿子一齐摔在水坑里，恰巧他看见了，他站在屋檐下，身子纹丝不动，冷冷地说："你眼瞎了吗？"

她周身寒凉，她说："我为你做这么多，你怎么会这样?”他回复:“那是因为你贱!”

再也没有什么比这句话更伤她了,联系以往的他的种种不是,她再也不肯原谅他,她再也不会满心柔情地盼他回家,温颜悦色地对待他。只为他根本不是她的知音。

他永远不会明白,一个女人要的不仅仅是一个名义上的丈夫,而是期待一份质地饱满坚实的婚姻,她在寻觅一个知音。她要他懂得,她对他的好;她希望他珍惜,她对他的好。他可以不是很富有,但是他应该懂得倾其所有来满足女人一个微小的愿望。

在冬夜里,他愿意帮她暖冰凉的手脚;在经济拮据时,他愿意买下她喜欢的衣服和零食;在困境中,他愿意抚慰她的脆弱,依然有气力给她一个强有力的怀抱;更重要的是,他把她当成生命中和母亲一样至为亲爱的人。

所谓知音,并不是在生死攸关时的瞬间呈现,普通百姓并无多大机缘遭逢。而是在日常琐细的生活中,像唱山歌一样,一个节拍一个节拍地应和;又像榫头一样,只有严密对接才会有一种稳定的状态。

这好比高山流水遇知音的故事一样:

俞伯牙是晋国的大夫，而钟子期不过是个樵夫，俞伯牙和钟子期的相逢缘于：八月十五，俞伯牙路过汉阳江口，琴兴大发，钟子期驻足倾听。当俞伯牙心里想着高山，钟子期说：“好啊！高峻的样子像泰山！”俞伯牙心里想着流水，钟子期说：“好啊！水势浩荡的样子像江河！”伯牙所思念的，钟子期必然了解。

两人相见恨晚，于是结为兄弟，并约好第二年中秋再见，翌年，俞伯牙如约来到了汉阳江口，可是江上再也不见故人，于是他弹琴召唤知音，故人依旧未至。翌日，俞伯牙向乡人打听钟子期的下落，乡人告诉他，钟子期已染病去世。临终前，他要求把坟墓修在江边，到八月十五相会时，好听到俞伯牙的琴声。

俞伯牙在钟子期墓前再次弹起《高山流水》，曲罢，他摔琴以谢知音，此后不复弹琴。

只因为，人海虽茫茫，但知音却难再得。

布衣暖　菜根香

春天到了，城郊的油菜花开了漫山遍野，油菜花是种家常的花，朴素、单薄，田埂、小径、墙角，处处散落着，然而当它们簇拥在一起的时候，花朵仿佛是燃烧的激情。见过一首情诗，诗人这样来描绘他心中的油菜花：

所有的人都反对
你嫁给一个居无定所的浪子
你知道　我是个以梦为马的骑士
一生心血只用来浇灌一株玫瑰
除了眼泪
我什么都不能给你
然而在这个年代
还有什么比眼泪更珍贵

我们打马而过的乡间

一万朵油菜花擎起无边的祝福

是了，这也是我心中的油菜花，它的热烈，令我想起春天，令我想起在春天萌生的情愫。

1927 年的春天，郁达夫在朋友家中初遇王映霞。那年的王映霞年方 19 岁，肌肤胜雪，山是眉峰聚，水是眼波横，正是岁月似锦、容颜如花的好年华。她穿着一件大花纹旗袍，娇艳且清新，郁达夫的朋友若干年后回想起那日的她，说她像是夏天晨光熹微中一朵盛开的荷花。

那年的郁达夫已过而立之年，早就与富阳女子孙荃生儿育女。那日，他身上穿着孙荃从北平寄来的羊皮袍子，却满心揣着的都是王映霞，他痴迷于她的美貌，亦痴迷于她的飞扬的才情与性情。那种情愫，是幽微的，隐晦的，像是春天里的油菜花，先是零零落落一朵两朵试探性地绽放，再悄无声息地蔓延成一大片，终于将整个春天点燃。

翌年初春，郁达夫和王映霞举行了婚礼。郁达夫的才华、王映霞的美貌，暗合了中国才子配佳人传统心理定式，他们婚事因之轰动一时，柳亚子专为此赋诗，称他们是“富春江上神仙侣”。

他们的爱情，成了人们争相传颂的传奇，引得无数名流纷至沓来。王映霞由此得以进入上层社会，据日本历史学家增井经夫回忆：“王映霞漂亮得简直像个电影明星，她在席上以主人的身份频频敬酒，看得出来她长于交际，她那深绿色翡翠耳环和手镯，在灯光下摇曳闪烁的情景，至今还很清晰地如在眼前。想起来，那个时候大概是郁先生最幸福的时期吧。”

或许，那时候真的是郁达夫一生中最幸福的时期，但祸根也自此埋下。

虽然，郁达夫曾向王映霞许下诺言：让她在婚姻中做自由的女王。然而他不过一个以梦为马的骑士，而那时的王映霞却迷恋着“朱粉深深匀，闲花淡淡春”的社交名媛生活，守候在乡间的油菜花旁，过着“布衣暖菜根香”的日子，离她的意愿相差甚远。

1940 年，他们彻底分道扬镳。这对昔日富春江上的神仙侣恩情不再，他们互相公开攻讦对方，王映霞在报纸上发表了一封致郁君的公开信，信的末尾署名是：不肯吃亏的映霞。

或许，王映霞是这样一个女子：心高气傲，

受到侵犯时浑身的刺都扎了出来；有着纵横的才情，所以心里怀着一份不甘，平凡琐碎的生活对普通人来说是福，可对她来说，却是一种永远无法释怀的痛。然而，再飞扬的女子，她的棱角就像是清泉里的鹅卵石，总要被岁月的水流不动声色地打磨殆尽。

后来，王映霞再次结婚时，她已洗净铅华，她说："既不要名士，也不要达官，只希望嫁一个老老实实，没有家室，身体健康，能以正式原配夫人之礼待我的男子。"

或许，布衣暖菜根香不仅仅是古老农耕时代的传奇，当我们经历了许多人，经历了许多事，繁华落尽，人生从绚烂归于平静，我们终于知道：只有温暖的布衣、清淡的菜根才是我们后的归宿。

最后一棵红枫

认识一个律师朋友，很喜欢和他闲聊，聊得最多的话题是他的家乡。渐渐地，从他的叙述中，我熟悉了他从小生长的村庄，熟悉了他家乡的故人，就如熟悉自己掌心的脉络一般。

他的家乡，是一个只有几十户人家的小村子，罗霄山的余脉，为这个小村庄准备了一个绿色的摇篮，这个小村庄宛如一个贪睡的孩子长久地酣眠在山下。他站在家门口，可以看见山影逶迤而去，从碧绿到青黛，最后在云雾中消失。山影波浪一样起伏着，那依山的树木一簇一簇，像腾起的浓烟。

他的父亲是护林人，住在山上的小木屋里，屋子是用白桦木搭建的，终年散发着撩人的清香。木屋在密林深处，人迹罕至。有时，父亲从木屋的缝隙向外张望，可以看见野兽从窗下经过渐行渐远的背影。

他说长大以后他才明白，他是如此眷恋家乡原始的密林，那满眼的绿其实自孩提时就深深地镌刻在他的心底，从此后须臾不曾分离。他还说他住的小村庄到城镇要走上三天三夜，那时候没有公路，也没有来来往往的客车，年少的他对山外的世界格外神往，一心要走出深山。他说他永生忘不了，第一年高考，他没有考上大学，父亲让他回村庄种地，他揣着卖猪的二十元钱，离家出走了。他说的时候，我眼前浮现一个场景：一个黑黑的小男孩，圆圆的脑袋，有着像春季的鱼一样逆流而上的勇气，他执拗地在山路上行走，却始终也走不出那片浓重的绿。

他的邻居，是一个名唤小枫的孩子，和他一起上学，一起到山里拾柴，采野果。在村子不远的地方，有一片枫林，那是他们日常玩耍的地方。春天或夏天的时候，那些枫树从嫩绿变成墨绿，到了秋天，叶子开始变得金黄或是红艳，那叶子颜色的变幻，令他觉得陶醉。他常常觉得大自然有着无限的神奇，那叶子在他眼里不仅仅是叶子，而是栖息了满树的蝴蝶——那片林子是他童年的最为美好的回忆。

但是，有一天，林子却燃烧了起来，冲天的火焰比枫树的叶子还要红。而点燃它的，就是那个名唤小枫的孩子。小枫在和村子的孩子砍柴回来的时候，在那里烧烤了一个野兔或是山鸡什么的，临走时，没有把火浇熄，引发了山火。当人们把火焰扑灭的时候，那大片的林子已经烧毁。

那个夜晚，他坐在家门口望着残破的枫林，暗自神伤。因为那片林子，他不肯原谅小枫，尽管小枫是无意的，可小枫却烧毁了他的回忆与美好。

如今，他离开那个村庄已经二十多年了，从那以后，他将自己的家人陆续接到了城里，再也没有回过村庄。他情愿在记忆中怀念那个村子，那片红枫林，那山上一簇一簇像浓烟一样的树影。

可是，令他意外的是，小枫的家人神情哀戚地找到了他，他们告诉他，小枫砍伤了几个偷挖枫树的贼，被关在看守所里。他们还说，这些年来，不少盗挖和非法贩运树木的人一直盯着村里山上的那些树，大量的树被连根挖起，卖到城里。那片枫林基本上被村里的干部或盗贼挖光了，剩下最后一棵枫树，这棵树因为村里要价太高而留了下来。但在半年前，浙江台州有人来到村庄，开价五十万元要买走这棵树，村里人动心了，小枫却说这棵古树不能卖掉，他邀请省里专家给树鉴定，并写信到省林业厅求助，但这些做法并没有得到任何回应。村里还是决定卖掉这棵古树。就在那些人开着挖掘机到村里挖树的时候，小枫拿着刀把那几个人砍伤。

“就为了那棵树，小枫多不值得呀，”小枫的家人说。

小枫的家人还把小枫写给林业部门的材料给了他，小枫家人回村庄的那个夜晚，他失眠了，他在想，这个已经成为男人的小枫已不是那个无意烧毁枫林的孩子，也许恰恰是那次烧毁枫林，从此让他成为了树的守护者。那么，为了记忆中的那片枫林，他有什么理由不去为他辩护呢？

在此后的日子，他多次去省林业厅，最后促成了对那棵红枫的鉴定，没有想到，那竟然是一棵有800多年树龄的古树。这样一来，小枫的量刑变轻了，最后他被判了缓刑。

小枫出来后，给他打电话说要来谢他，他对小枫说：“不用谢，应该让那最后一棵枫树谢谢你才对。”他还提出了一个小小的请求，待到秋天来临的时候，希望小枫能摘一片枫叶寄给他。因为，在那红艳透明的枫叶上，他能够看到他的记忆有如河流一样，在叶片的脉络里川流不息。

探究之美

当我们的远祖尚且居住在洞穴中，他们披挂着皮毛或树叶制成的衣裳，尚处在蒙昧的人类童年时代。在一天的劳作结束后，夜里，他们徜徉在辽阔的星空下，或是在密密的丛林中围着篝火舞蹈。对周遭广袤的世界，他们产生了无数的好奇。正是因为这种好奇，令他们对这个世界进行了无穷尽的探究。探究世界发展的本源，探究事物的真相，探究人的内心世界……这种因好奇而萌生的探究，贯穿了整个人类历史发展的长河。

有时候，探究是一种乐趣。就像唐明皇探究音律一般。有一次，在他临朝听政时，他的手指在腹部上下按动，高力士在退朝时问："陛下龙体欠安吗？"唐明皇告诉他：昨夜做梦的时候，听到月宫仙人们演奏音乐，嘹亮清越，醒来时，那曲子依然杳杳在耳，坐朝时怕忘记，就把玉管放在怀中，用手指上下摸索。唐明皇那首在梦中得来的曲子，就是《霓裳羽衣曲》，相传曲子演奏起来，仿佛会看见月宫中的仙人水袖轻扬、舞姿婆娑的画面。这种探究，表面上看来仿佛是兴之所至，但生命因之而丰富多彩，它令我们明了：走遍千山万水，不过是为了找到走回内心的路。

还有一种探究，它是学习形式的一种。在学习中，我们对事物从简单的感知到渐次探索进而掌握事物发生和发展的规律。这种探究，使得我们的认知有了质的飞跃，它不再关乎于内心，而是将触角伸向更广阔的世界。在这个过程中，我们积累了更丰沛的知识，更多的理性，从而有了更缜密的思考，我们在不断质疑、追问和寻找，正因如此，有了历史的进步，世界格局的调整。我们充分享受这种探究给我们带来的辉煌而又成熟的文明。

更多的时候，这种探究流于形式。就像维多利亚时代的一位女子波特小姐，她有一本日记，从 14 岁写到 31 岁，记录了一个漫长的青春期，在她的日记中充满了对自然之美的探究。比如从小居住的庄园里，鸟鸣、花香、动物、新鲜的牛奶、温暖的鸡蛋、老家具的纹理、楼梯的形状、房间的陈设……波特小姐说庄园的生活是一个完美的整体，每一样东西都像是老钟摆的某个部件，弥漫着新鲜干草的味道和安全、懒散的富足感。她观察兔子怎么跑，怎么睡觉，她知道它们大胆而懦弱，好奇又容易受惊，走投无路里会往喷壶里逃。也许这种探究，从历史进步的角度来看毫无意义，然而，正因为她的这种流于形式的探究，时间慢了下来，波特小姐的人生圆满而幸福。

让我们的人生充满探究之美，那是缘于我们深信并期待：春天在最遥远的收获季节的终点到来。

雨衣甘蓝

张爱玲也曾写过家常菜。那还要从她童年的记忆说起。她说她小时候常常梦见吃云片糕，吃着吃着，薄薄的糕变成了纸，除了涩，还感到一种难堪的怅惘。张爱玲真正想表达的，只怕是一点一点地看到，某个人真实面目渐次水落石出后的意兴阑珊，可是她又没有办法把他从心上抹去。所以她在《十八春》里继续怅惘地写着美食："沈太太给世钧送吃的，莴笋圆子做得非常精致，把莴笋腌好，长长的一段，盘成一只暗绿色的饼子，上面塞了一朵红红的干玫瑰花。"那朵干玫瑰花其实派不上任何的用场。

张爱玲想要写的压根不是吃食，而是亘古的孤独，就像安徒生的童话原本也不是写给小孩子看的，他写的也是孤独：丑小鸭独自走在巨大的牛蒡密林里；终生未嫁的老姑娘，望着墙上的凤仙花，聆听着教学的钟声；怀念中的茱莉，是个有着红苹果脸的小姑娘，一生都活在老单身汉的心中。人生的虚空，仿佛是黑暗中蛰伏的小兽，一点一点，吞噬着停滞不前的时间。张爱玲和安徒生的忧伤，仿若金针，看似漫不经心地描花摹朵，却针针线线都刺在心上。

忽然也想起一种家常菜，南昌的菜贩子常称之为本地花。它的学名叫“甘蓝”。

以蓝命名的植物有多种，如蓼科的蓼蓝、十字花科的菘蓝、豆科的木蓝、爵床科的马蓝等，因可以做蓝靛染料而得名。此外甘蓝虽为蔬菜，但由于叶呈蓝绿色，故也以蓝称。

甘蓝是个大家族。如日常吃的卷心菜，紫色的称为紫甘蓝，而黄白色的俗称包菜。紫甘蓝的叶片较包菜更为致密，一层一层，密密匝匝。

而被菜贩子称之本地花的，又名花椰菜，俗称花菜，有乳白色的及淡黄色两种，菜贩子常称淡黄色的为本地花，本地花似乎更纤巧一些。

西兰花与花菜模样十分相似，只是花体呈深绿色，花轴略瘦，花穗粒粒分明。

还有两种不常见的甘蓝，如苤蓝，是球茎甘

蓝，叶片长卵圆形，叶柄细长。茎膨大，近球形，外皮呈绿白、绿或紫色，性喜冷凉，北方栽种较多，球茎可做蔬菜鲜食或加工腌制。南昌的农贸市场倒是从未曾见过，图本上所绘的植株长着羽毛状的叶子，球茎有点像萝卜，却不知是何味道？

芜菁甘蓝，又名洋大头菜，叶羽状分裂，多蜡粉，总状花序，花黄色，性喜冷凉，适于沙壤土生长，原产欧洲及西南亚，肉质根做蔬菜，鲜食或加工腌制均可，据书上的植株绘本似乎与苤蓝差异不大。不知道此洋大头菜是否就是市面上有卖的袋装腌大头菜？薄而大的切片，呈浅黄色，入口淡而无味，味道不如榨菜好。

还有一种甘蓝是观赏植物。城市花圃中，常看得见一种长着大片褶皱叶子，模样有点像开倒了的卷心菜。与卷心菜的区别在于：卷心菜每片叶子紧紧缠绕，外层的叶子包着里层的叶子，最后形成一个圆圆的小包裹，而这种植物的叶子呈开放状，一片比一片打得开，最里面的叶子好比是花蕊，而外层的叶子全成了大花瓣。

这种甘蓝有纯乳白色的，亦有紫色的，最外层叶子镶了一圈淡绿色的边，单片叶子剥离下来，有点像矮脚小青菜。

我喜欢看它们喜气洋洋的样子。这种甘蓝耐寒，特别是在寒冷的冬天，万物霜天竞凋零，很有点凌寒独自开的味儿。下雪天，它们一盆一盆挨挨挤挤地放在路边花圃，在银白的世界中灿烂一片。纯乳白色的很打眼，但不如紫色的耐看，特别是在它有些枯的时候，白白的叶片上长了黄斑，像是用脏了的大手绢。

它的名字很有风情：雨衣甘蓝。我猜想：给它取名的植物学家，在取这娇俏的名字的时候，他在想什么呢？或许是在一个有风的日子，他忽然怀想列子：

那个战国时期传奇的男子，修道九年后，物我两忘，始得逍遥游。他常在立春日乘风而游八荒，当他御风而行时，“泠然善也”——他轻盈美好的样子出现在庄子的《逍遥游》，也出现在每一个大风起兮云风扬的美好辰光里。

而那株雨衣甘蓝也从此留存在每一个美好的辰光中。

任性的老头

没见过有这么任性的老头

——汪曾祺

他爱画画，所以对颜色如数家珍。

他写了一首诗，对颜色极尽铺陈，简直像开中药铺子似的，哪像诗啊，但却妙趣横生：

鱼肚白/珍珠母/珠灰/葡萄灰

大红/朱红/牡丹红/玫瑰红/胭脂红/干红/浅红/粉红/水红/单衫杏子红/霁红/豇豆红

天竺/湖蓝/春不碧如蓝/雨过天青云破处/鸭蛋青

葱绿/鹦哥绿/孔雀绿/松耳石/嘎吧绿

明黄赫黄/七黄/藤黄/梨皮黄/杏黄/鹅黄

老僧衣/茶叶末/芝麻酱

世界充满了颜色

在诗里，他对颜色是分色系排列的，但有时是由浅至深，而有时却由深入浅，有时却轻浓浅重，杂乱无序。尤让我奇怪的是，嘎吧绿是什么颜色，嘎吧是拟声词，咬黄瓜是嘎吧一声，脆生生的，莫非这绿就是那脆生生的绿？单杉杏子红又是什么颜色？单杉应是植物类的科属，比如南洋杉科、紫杉科等等。我爱植物，也喜欢翻阅关于植物的书籍，里面白描的植株，每一叶片都有细致的描绘，纤毫毕现。我也喜欢植物的名称，似乎在物质的世界里，没有比它们的称谓更美的了。但不爱看关于植物详细的文字描述，美丽的花朵沦为生殖器官，令人十分扫兴。

汪曾祺描写15岁姑娘的美，美得别出心裁：头发滑滴滴的，衣服格铮铮的。好一个滑滴滴、格挣挣！那一头青丝顺滑、那一身衣裳齐崭，饱满的青春呼之欲出似的。

他画了一幅画，一个类似和尚的老头，生气地歪着嘴，闭着眼，横着眉，裹一身袈裟似的袍子，坐在芭蕉树下，整幅画的基调是土黄色的，画上突兀地写着“狗矢!”那个感叹号触目惊心，这画作于1984年5月11日，估计那日发生了什么，让老头愤恨不已，是老太婆的絮叨，还是小孙子不小心撕了他的画，还是?用这种方式来表达愤懑倒是第一次见，很稀罕。

他借郑板桥诗“一庭春雨瓢儿菜，满架秋风扁豆花”画了一幅画，架上有一嘟噜扁豆，像葡萄一样挂下，下面两棵小青菜，矮脚的，让我想起超市常卖的春水白菜，虽是寻常小物，却透出雅致来。他画的“春城无处不飞花”很美，乱纷纷的却又绿意盎然的柳枝，点缀着朵朵红花，整幅画有一种类拟流质的物质穿横其中，却又无形，似水又似风，穿插在每一花瓣中，每一叶底下，却处处遍寻不见，似乎有点齐白石之风，画水中鱼，不着色，不画水，却使人看到江河，嗅到水的清香。

在1984年3月10日中午煮面时画了一幅小画，一朵含苞未放的花，无枝无叶，一根茎子直不笼统地立着，却有一只蜻蜓飞舞其中，有趣极了!

十六世纪的八卦明星

亨利八世（1491—1547）是英国历史上赫赫有名的国王。他以改革英国宗教而名垂青史。他本人博学多才，能流利使用拉丁语、法语和西班牙语，甚至还用拉丁文写了一本书。他是最早研习全球地理的欧洲统治者。在他引领的风尚下，英国出版了最早的全球地图，这张地图详尽地描绘了美洲大陆，并将大西洋和太平洋分隔开来，这在当时是非常先进的理论。

亨利精力充沛，富有激情。他喜欢掷骰子赌博，他还是音乐家兼诗人。他创作的最有名的曲子是《与好伙伴一起消磨时光》，曲调轻松愉快，被称为国王的歌谣。亨利年轻时擅长运动，特别是摔跤、打猎、室内网球，他甚至收藏了一些武器和盔甲。

亨利还因先后有过六位王后在英国历史上独领风骚，对于喜欢历史生动有趣一面的观众来说，再没有比亨利八世更合适的八卦人选了。亨利所处的年代堪称是性感的年代，他聪明、时尚、富有魅力，闪烁着迷人的光芒又散发着危险气息。在他身上呈现出来的暴力和美使得他的私生活被人津津乐道。如果16世纪有八卦小报，那么亨利八世肯定是每一期的封面明星。标题会是什么呢？“亨利因为爱上一个女人而改变了英国的历史”。

第一位王后
凯瑟琳·阿拉贡：宗教改革的牺牲品

凯瑟琳出身尊贵，其父是西班牙之阿拉贡国王费迪南二世。凯瑟琳于1501年与亨利七世之长子亚瑟结婚。不到半年亚瑟去世，凯瑟琳又与其弟亨利八世订婚，时年亨利才12岁，不过是个少不更事的少年。

亨利八世18岁即位并迎娶凯瑟琳。凯瑟琳长亨利6岁，容姿秀丽，妩媚动人。这桩婚姻的缔结人们普遍认为是亨利贪恋寡嫂的美色，在温情脉脉的婚纱背后，掩藏着更多的政治因素。亨利七世结束了30多年的玫瑰战争，为改善都铎王朝的国际生存环境，亨利七世大力展开婚姻外交。为能继续与西班牙保持盟友关系，他不惜让次子续娶寡嫂，这桩婚姻似乎在道德上略有瑕疵，但亨利七世却十分中意。而他的亲家公费迪南希望能继续影响英格兰的外交政策，故一拍即合。

在中世纪末期，文艺复兴之风已经向伊比利亚半岛吹来，在时代风气的影响下，凯瑟琳接受了良好的教育。这种教育不仅局限于文艺方面，甚至骑马、狩猎、烹饪、女红也是必修课。当然最令凯瑟琳得益终身的是，她受到的严格的天主教教育，这使得她拥有坚定的信仰和更坚定的意志和自尊。在日后波澜起伏险象环生的逆境中，她的信仰和她的意志支撑她走过艰难岁月。

和众多失败的王室婚姻不同，维系这个具有强烈政治意义的婚姻的纽带除了至高无上的利益还有爱情。可爱情又是个什么东西？莎士比亚曾说过："爱情是叹息吹起的一阵烟，它是鲠喉的苦味、吃不到嘴的蜜糖。"爱情就是这么不靠谱的东西，亨利的爱情不会例外，它随着凯瑟琳的美貌一并凋零，而英国也在日渐强大，无须仰人鼻息。

凯瑟琳婚后共生 6 个子女，但除了玛丽之外，其余全都夭折。由于无男嗣，亨利对凯瑟琳的不满与日俱增，加上亨利八世新近迷上了凯瑟琳的侍女安妮·博林，两人早已偷食了禁果，安妮珠胎暗结。亨利八世遂决意离婚，他向罗马教皇提出离婚申请，而教皇不敢开罪西班牙迟迟不予回复。亨利暴跳如雷，他认为自己以一国之尊，不需要受制于教皇，他宣布与凯瑟琳的婚姻不合法，并与安妮结婚。

亨利八世除了如愿以偿地抱得美人归之外，在政治上、经济上也赚得钵满盆溢：天主教在英国不再占据尊崇地位，国王对教会有绝对统治权，英格兰的王权达到了自1215年《大宪章》公布以来的最高点。亨利宣布废除修道院制度，没收修道院土地，一部分收归国有，一部分赏赐给亲信和大贵族，一部分出卖，从而缓解了财政危机，使得一个支持宗教改革的既得利益集团形成。在查抄富比皇家的红衣主教托马斯·沃尔西的财产时，亨利十分中意汉普顿宫并亲自参加改建设计，改建后汉普顿皇宫有“英国的凡尔赛宫”之称，有着迷宫似的大花园。日后，汉普顿宫成为闻名遐迩的皇宫。

这次婚变对凯瑟琳造成的伤害却是致命的，她不甘心15年的恩情化作灰烬，她坚称自己才是真正的王后，她抗争的结果是，她被幽禁在一个下等庄园里，缠绵病榻，抑郁而终，终年51岁。当她咽下最后一口气，她也没能见上朝思暮想的女儿玛丽。

倔强的凯瑟琳始终不明白坚定的信念亦是要合乎时宜的，当此情已成追忆，不如带着“雨过河源隔座看”置身事外的超然。早在唐代，中国的女道士李季兰曾经写下“至亲至疏夫妻”的诗句，算是参透夫妻之道的玄机。

[**汉普顿皇宫**] 汉普顿皇宫邻近伦敦泰晤士河，距离市中心约10英里。据说伊丽莎白一世为了躲避国会的耳目，曾把这里当作偷情的爱巢。1838年，维多利亚女王正式将此宫开放给大众参观。为了配合都铎王朝的历史，皇宫部分警卫会穿上都铎时期的服装。游客们到英国旅游时都不会错过这座具有500年历史的古迹。

汉普顿皇宫是以“鬼”闻名的王室建筑景点，流传甚广的鬼故事几乎都与亨利八世有关。亨利八世的第三任王后简。珍妮在皇宫难产丧生后，有人见过她的鬼魂拿着蜡烛飘过皇宫庭园；珍妮儿子的女仆潘恩1562年过世后埋葬在皇宫廷苑里，1829年因为皇宫翻修工程影响到她的坟墓，那段时间，皇宫西南苑便时常传出一种诡异的声音，皇宫工作人员循着声音的方向查找到一间过去不为人知的密室，密室里留有这名女仆惯常使用的纺织机。

最有名的鬼故事要算是亨利八世的第五任王后凯瑟琳·霍华德，她在被处斩首前曾被软禁在宫内一段时间，据说，她死后的鬼魂常出现在皇室画廊，身穿一袭曳地的白袍，身影飘忽，神情萧瑟。据考证，这个位置是霍华德被软禁期间起居饮食的地方。

在这座豪华古迹中还拍到了一卷疑似鬼影的监视录像带，鬼影穿着中古世纪长袍，惨白的肤色，他出现在皇宫侧门，似乎有些拿不定主意，他将门开开合合。据驻守皇宫的警卫说，平常这道门都是锁上的。但在巡逻时，他们发现门居然被打开了，因此调出监控录像，发现了这个鬼影在作祟。警卫还说，他们每个月总会收到几起游客撞见不明物体的报告，此次这卷监视录像带令他们对于皇宫闹鬼的事更加深信不疑。

第二位王后
安妮·博林：女人的轻佻不会屈从男人的荣誉

亨利七世的小女儿玛丽·都铎嫁到法国宫廷时，安妮·博林作为她的荣誉侍女曾一并跟随。在那里，安妮学习到了法国文化与礼仪，对时髦的法国时尚产生了浓厚兴趣。除此之外安妮学会了在宫廷里生存的种种手段。

1526年，安妮回到英国后在宫廷里服侍凯瑟琳王后，与凯瑟琳的沉稳持重相比，她的美是轻佻的，好比是春天吹落的桃花瓣，是仰俯可拾的艳丽；她的性格是尖锐的，好比是麦芒轻轻蜇在手掌心，有那么一点点疼，还有那么一点点隐秘的快乐。在宫廷众多性格中庸的女人中，她的风情万种令亨利八世觉得别具一格，亨利发了狂地爱上了她。亨利满怀爱意和温柔写下了一封信，他在信中向安妮许下诺言："从今以后，我的心只献给你一个人。"他还就先前不愿意正式迎娶安妮道歉："如果我以任何方式冒犯过你，请你……同样宽恕我。"这封情书成为两人关系的转折点，工于心计的安妮终于如愿以偿成了王后。

深受法国风尚之风影响的安妮，其排场奢华远在凯瑟琳之上。她有超过250个仆人专职伺候，60个贵族侍女陪伴她。安妮还添购许多奢华的礼服、珠宝首饰、羽毛扇、马车、家具等，重新装潢了几个宫殿以符合她的品位。然而，繁华背后是掩饰不住的苍凉。他们婚后感情并不如意。她的任性和刁蛮，在婚前的亨利八世眼里是妖娆至极的挑逗，日子久了，就成了忤逆和挑衅，亨利八世开始心生厌烦。

1533年，安妮临产前，亨利八世派人把一张精雕细刻的床搬进了产房。这张床是法国国王送给英国的礼物，很少使用。此次，亨利八世期待这张床能给他带来福音——一个梦寐以求的儿子，以保证王室后继有人。伊丽莎白的降生又一次使亨利八世失望。

1536年，安妮流产了一个男婴，这天同时也是前王后凯瑟琳的丧礼。这个冥冥中的巧合，已经为安妮提前敲响了丧钟，亨利八世的耐性终于用尽了，此时亨利八世又改弦更张，安妮的侍女简·西摩成了他新的心上人。亨利背弃了他“永不变心”的诺言，他宣称与安妮的婚姻受到上天的诅咒。

在一天午餐时，安妮突然被逮捕并关入伦敦塔，审判法庭由安妮的舅舅托马斯·霍华德主持。法庭宣判安妮及其兄弟死刑，罪名包括：以巫术诱使国王结婚、与五个男人通奸，其中包括与兄弟乔治·博林乱伦，伤害国王、阴谋杀害国王，以及试图毒害亨利八世的私生子。

爱到尽头，覆水难收，从安妮与亨利八世情定三生至被处极刑，不过短短三年时间。安妮短促的王后生涯被史家称为“千日安妮”。

临刑前，安妮向亨利八世提出一个小小的请求，她说她的脖子纤细，希望不要用斧头而是用剑砍下她的头颅，亨利答应了这个要求，并专门派人至加莱寻访剑客，为此，还延迟了刑期。这也许是夫妻告别时的最后一丝恩情了，它的凉薄像西山的落日，微弱的光芒再无一丝暖意，至此，这出华丽的爱情剧已落下了帷幕。

事后，法国的弗朗索瓦一世还给亨利八世写过一封信，他对亨利八世失去“放荡不羁的王后”表示遗憾，他还说“女人的轻佻不会屈从男人的荣誉”。此信似乎是在安慰亨利八世，可表达的技巧似乎有所欠缺，令人啼笑皆非，大有向伤口再撒把盐的味道。不过亨利八世毫不在意，在处决安妮的第二天，亨利八世与西摩订婚，第十天，经过紧锣密鼓的筹划，亨利与西摩举办了婚礼。

第三位王后

简·西摩：红玫瑰与白玫瑰的战争

这个故事讲到这里似乎落入俗套，国王总是爱上王后的侍女。简·西摩曾侍奉过安妮。也就是在那时，亨利八世发现西摩好。西摩长得并不漂亮，甚至很平庸，西摩也不懂得什么风情，她几乎没有受过什么教育，只会写自己的名字、做做针线活。但西摩最大的好处就是性格温柔和顺，与安妮的强烈张扬个性形成鲜明的对比。张爱玲曾把这种现象概括为“红玫瑰与白玫瑰”，张说：也许每一个男子全都有过这样两个女人，至少两个，娶了红玫瑰，久而久之，红的变了墙上的一抹蚊子血，白的还是床前明月光；娶了白玫瑰，白的便是衣服上的一粒饭渣子，红的却是心口的一颗朱砂痣。

与安妮的浓烈相比，西摩是清淡的，算是亨利八世床前的一抹明月光吧，她的清扬婉转令亨利此生再难忘怀。

有一回，亨利八世送她一袋金币和一封情书，恳求西摩做他的情妇。可是西摩却将礼物退回。她认为男人献给女人最好的礼物就是婚姻，没有什么比婚姻更能证明男人的诚意。

亨利八世心领神会，婚后他还进一步地表示了自己的诚意：通过的第二部王位继承法，宣布新王后的子女将是顺位继承人，此前的玛丽和伊丽莎白乃私生子，剥夺其继承权。

西摩果然不负亨利八世，她生下一个男孩，这也是亨利八世唯一的儿子，即后来的爱德华六世。产后，西摩因患产褥热去世。亨利八世哀悼了很长时间，西摩是唯一在死后令亨利八世伤心落泪的王后。亨利一生将西摩视为唯一“真正的”妻子。

多年以后，亨利八世死后，留下的遗愿是要与西摩合葬，足见对西摩的深情。

第四位王后

安娜：梦想和现实之间的差距

亨利八世意图加强英国和德国联盟，以抗衡天主教国家法国与神圣罗马帝国的联盟，他的宠臣首相托马斯·克伦威尔给他推荐了安娜·克里夫，德国的郡主。当时尚无照相术，亨利于是派宫廷画师小荷尔拜前去给她画像，以做相亲之用。小荷尔拜在图画上用光线稍做处理，掩盖了安娜幼时患天花落下的疤印，由于画得很美，朝臣争相赞美，亨利八世也欣然同意这门婚事。

当安娜抵达英国时，亨利八世大失所望，他认为安娜丑陋无比，他称她是“弗雷德丝的梦魇”。此外，安娜不会说英文，这使得两人益发相对无语。

这桩婚姻，勉强持续了半年。后来法国与神圣罗马帝国联盟破裂，随之，英德联盟也失去重要意义。亨利急于结束这桩婚姻，这桩婚姻于是被宣布无效，理由是安娜曾和另一男子订过婚。

较之凯瑟琳的执拗，安娜显得很乖巧，她对外宣称两人并未圆房，他仅每晚到她卧房吻一下额头而已。亨利八世对她十分赞赏，对她表现出足够的尊重，他授予她“国王的姐妹”头衔，并且将安妮·博林家族旧宅赐给了她。此后 30 年，安娜一直很安定地生活在英国，与亨利的两个女儿关系也处得不错。这桩婚事算是功德圆满。

只是推荐她的克伦威尔为此丢了性命。为了报复克伦威尔的不诚实，亨利找个罪名处决了他，在行刑时，亨利特意找了毫无经验的年轻刽子手，用斧子砍了三次才把克伦威尔的头颅砍下，事后用沸水煮熟头颅，戳在长矛上立于伦敦桥示众，亨利才算是出了一口恶气。

第五位王后

凯瑟琳·霍华德：国王美丽的花朵

凯瑟琳·霍华德是安妮·博林的表妹，她曾是安娜·克里夫的侍女。

介绍在到这里，我们会发现：历史有时像一个健忘的老太婆，在这个故事里，这个老太婆又开始喋喋不休重复相同的情节。

亨利八世与霍华德初相识时，她只有 18 岁。亨利很宠爱她，他把她称作是“我美丽的花朵”。他还赐给她很多奢华的礼物，比如大片的土地，当然还有女孩子喜欢的珠宝和漂亮衣裳。这时的亨利八世已经年近五旬，大她整整 30 岁，体重 136 公斤，腰围达 54 英寸（137 厘米），大腿常年溃烂，性格狂躁，实在是无法令霍华德动心。但由于安妮·博林的通奸指控及处死使得整个家族在宫廷中颜面尽失，家族将霍华德视作重振声威的希望，于是霍华德顺理成章地嫁给了亨利。

然而，尽管拥有了财富和权力，霍华德很快发现婚姻生活毫无意趣。于是她开始寻找一些刺激。

年幼时的霍华德曾到孀居的继祖母诺福克公爵夫人处寄居过，公爵夫人住在奢华的兰贝斯宫，有众多的男女随从，还有很多穷亲戚的孩子都受其荫护。对这些孩子们，公爵夫人漫不经心，疏于管教。很快，霍华德和音乐教师亨利·曼诺克斯发生了暧昧关系。不久，霍华德又和公爵夫人的秘书弗兰西斯·迪勒姆好上了，他们以夫妻相称。迪勒姆甚至将自己的钱财也交给凯瑟琳保管，他们过起了甜蜜的小夫妻生活，但这段恋情在公爵夫人的干涉下草草收场。

成为王后的霍华德对昔日的情人们念念不忘，她把曼诺克斯聘为王室的音乐家，又把迪勒姆聘为秘书。珠环翠绕之余，她还发现了亨利八世有个英俊的侍卫托马斯·卡尔佩珀，郎有情，妾有意，几番回合，他俩勾搭上了，满怀偷情的快乐双双坠入爱河。

灾难来临的前夕，似乎格外平静，然而平静的背后掩藏着无数的危机，一些看来很细小的事或者毫无关联的人物会导致事态发生急剧变化，所谓“大风起于青萍之末”。

公爵的女仆将霍华德偷情的事告诉了她的哥哥，而她的哥哥又将这个消息透露给亨利八世的亲信坎特伯雷主教托克兰麦，兹事体大，克兰麦也不敢隐瞒，他又告诉了亨利八世。

亨利八世将信将疑，直到凯瑟琳写给卡尔佩珀情意绵绵的情书交到他的手中，他才如梦初醒。亨利八世向来秉持“有仇不报非君子”的理念。他迅速采取了行动，派人逮捕了霍华德。霍华德还希望仗着昔日的宠爱让亨利八世宽恕她，她从关押的地方逃离，跑到亨利八世做弥撒的教堂前捶打大门，高喊亨利八世的名字，没有人知道教堂内的亨利八世听到他“美丽花朵”惶恐急切的呼喊是什么样的心情，但男人最耻辱的事莫过于被戴绿帽子，当自己的妻子并非因生计所迫或是因对权势的仰慕投入另一个男人的怀抱，这只能证明一点，男人床上的无能，还有什么比这个更能打击一个即将老去的男人，一个至尊无上的男人？

临刑前夜，凯瑟琳不断练习着怎样将自己的头颅放在行刑台上。尽管如此，行刑时，她还是战栗得无法行走，需要有人扶上断头台。她做了简短的演说，表示判决是公正的，并为自己的家人请求怜悯，祈祷灵魂的救赎。她最后的话是："我以王后的身份赴死，但我更希望能作为卡尔佩珀的妻子而死。"

彼时，卡尔佩珀已被处死一个月，头颅挂在伦敦桥示众。

第六位王后

帕尔：英国史上结婚最多的王后

凯瑟琳·帕尔与亨利八世堪称绝配，他们分别是英国史上结婚最多的国王和王后。帕尔在与亨利八世结婚前已两次孀寡。亨利八世去世后，她又第四次结婚。当然与亨利八世相比还是稍逊风骚。

多次的婚姻经历，将31岁的帕尔磨砺得人情练达。而亨利八世已厌倦惊涛骇浪的情感，和帕尔在一起，亨利八世感到轻松愉快。他们之间最大的分歧就是宗教问题，帕尔观点激进，与亨利八世常发生争论，一次暴怒之下，亨利八世要将帕尔关进伦敦塔。帕尔及时转变风向，她不停地哭泣并自责，说自己是无知的女人，只是为了缓解亨利腿上的疼痛才会说了愚蠢的话。她的低姿态使亨利宽恕了她，事情最后不了了之。

因帕尔居间调和，亨利和两个女儿玛丽、伊丽莎白之间的坚冰打破，亨利八世重新赋予她们次于爱德华王子的王位继承权。

在与亨利八世结婚前，帕尔曾与爱德华王子的舅舅托马斯·西摩爵士热恋，都已经进入到谈婚论嫁的程度，因亨利八世横刀夺爱，她不得不屈从于国王的意志。亨利八世死后几个月，她终于如愿以偿地嫁给了西摩爵士。度过了15个月的幸福婚姻生活，还生了一个女儿，当她因难产去世的时候，她的如意郎君西摩正忙着与亨利八世的女儿伊丽莎白调情，这真是对亨利八世错综复杂的家庭关系绝妙的嘲讽。

女王的爱情

永远的伊丽莎白

至今在世界许多国家，仍有人纪念英国的伊丽莎白女王一世，崇拜者不计其数。在与她同一时代的欧洲君主大多数已在时间长河中被湮没，而伊丽莎白一世依然在历史中巍然屹立，她的统治期在英国历史上被称为“伊丽莎白时期”，亦称为“黄金时代”，她代表着英国崛起最为辉煌的时代。

她即位时英格兰内部因宗教分裂处于混乱状态，她成功地保持了英格兰的统一，并将视野从偏安一隅的岛国转向广阔的海洋。她加强了英国海军力量，凭着训练有素的水兵，击败了西班牙帝国不可一世的“无敌舰队”。也就是从那时候起，英国开始称霸世界海洋，殖民地亦在此期间开始确立并扩张，为以后的“日不落帝国”奠定了基础。经过伊丽莎白近半个世纪的统治后，英格兰成为欧洲最强大、富有的国家之一。还是在那个时候，文艺复兴的光芒开始洒向欧洲那个灰黑的中世纪，英格兰文化也在此期间达到了巅峰。对一个君主时代的评判标准之一，还来自于其时代的思想遗产，莎士比亚使英语成为一种真正的艺术语言。培根以其妙趣横生的语言，赋人类思考以“新科学”和“新工具”，他们都赞美过自己所处的时代，他们也无不受惠于这个时代。万物凋零，精神永存。今日英国并不只是在位的女王名字也叫伊丽莎白——从英国文学艺术到海洋观念，从英国国教到民族特性，伊丽莎白二世代表着的，很大程度上仍然是伊丽莎白一世的英国。人们公认，伊丽莎白是世界历史上最伟大的君王之一，如果没有她，世界的历史，很可能是另外一个样子。

无敌舰队：谈到无敌舰队就不能不谈到它的组建者西班牙国王腓力二世。他曾以王子身份向伊丽莎白求过婚，其时他为钻石王老五；此后他与伊丽莎白的姐姐玛丽结婚，玛丽死后，他又以国王身份再次向伊丽莎白求婚，算是前姐夫向小姨子求婚；伊丽莎白成为女王后，他再次为自己的儿子向伊丽莎白求婚，这次他又是以准公公的身份出现。这三次求婚中任何一次成功，就不会有无敌舰队的覆没，西班牙的衰落。

在英国海军未崛起之前，西班牙的无敌舰队实力强大，武器先进，所向披靡。但在1588年8月，与英国海军在英吉利海峡的激战中，却以强败弱输给了英国海军。在仓皇折返西班牙大本营时，途中又遇大暴风雨，损失惨重。而后，英国取代了西班牙的海上霸主地位，迅速崛起。

谈到无敌舰队还有一种西班牙传统美食墨鱼汁饭不可忽略。西班牙美食中海鲜饭占有很重要的地位，海鲜饭种类很多，大多以黄色为主，是用一种有着特殊香味的黄色植物粉末调制的，祛除海鲜的腥味，并令米饭颗粒变得黄澄喜人。然而，在海鲜饭中有一种墨鱼汁饭却是独特的黑色。

在数百年前，无敌舰队在征战南美洲时，黄色粉末已用完，炊事员灵机一动用原本废弃的墨鱼汁来替代。做好后，连炊事员自己都不敢相信其味居然如此鲜美，士兵们将墨鱼汁饭一扫而光，炊事员因此受到了嘉奖。如今，尽管无敌舰队已成明日黄花，但墨鱼汁饭随着厨师的不断改良，跻身于西班牙的传统菜谱。

墨鱼汁产生缘于，当墨鱼被敌人侵犯时，它喷出墨汁作为烟幕遮盖对方的视线，以掩护自己逃跑。没有危机感的墨鱼是不会喷出墨汁的，而墨汁在墨鱼的汁袋里停留时间长了味道不鲜美，在墨鱼喷出一次墨汁后十分钟之后产生的墨汁味道最佳，因此加工墨鱼汁的工厂抓到墨鱼后，想法令墨鱼将陈旧的墨汁喷出，10 分钟后再割下墨鱼的汁袋进行加工。在吃时浇一点柠檬汁，堪称美味。

有人曾这样描述过伊丽莎白一世：她是一个奇怪的女人，年轻时美丽动人，年老时奇装异服。喜欢跳舞，精通七种语言，能以拉丁语即兴辩论，擅长音律，喜欢每天弹上一小时琉特琴。在重大事件面前，她擅长以含糊其辞隐藏内心的判断，富有同情心又生性吝啬，是调情高手而又终身保持童贞，回避决断然而发动攻击时迅雷不及掩耳，对于人性苦难深有理解，可是砍下对手脑袋时又从不追悔。还有人这样评价伊丽莎白：一个女人统治她的国家，智慧、宽容、审慎、决断。一个女王驾驭她的宠臣，爱他时，纵容他，不爱时，杀死他。

伊丽莎白未婚之谜

伊丽莎白登基时只有 25 岁，除了至高无上的王权外，她还拥有动人的美貌，吸引了无数欧洲大陆王公贵胄争相拜倒在她的石榴裙下，即便是他们费尽心机，但她没有在他们当中选择任何一个。于是人们有过种种猜测：女王的父亲亨利八世三次杀妻、六娶皇后，使伊丽莎白从小就蒙上了一层心理阴影，不信任男人和家庭，患上了“婚姻恐惧症”；女王的政敌则宣称她根本没有正常的生理功能，是一个阴阳人，因为宫中曾传出女王的月经少得可怜；而另一些持相反意见的人则说女王有过私生子；还有人认为，从古至今各国王室成员的婚姻，无不烙上深深的政治烙印，只是国家政治、国际关系的附属物，包含了太多的阴谋与利益关系，女王不愿终生生活在龌龊的交易中。

无论何种猜测，大家都有意无意地忽视掉了伊丽莎白首先是一位杰出的政治家，伊丽莎白对自己婚姻的处理堪称“英格兰主义”的最好体现。她将婚姻当成讨价还价的筹码，从中获取丰富的政治利益及礼品，当英国需要某个国家支持或缓和关系时，就会建议对方向女王求婚，那些王公贵族谁也无法抵御这个巨大的诱惑，但忙活了半天，到头来发现是不过是一场空欢喜，女王却取得了力量的平衡，赢得了时间。

无论如何，童年成长的阴影是无法消退的。它就像与生俱来的毒流淌在伊丽莎白的血液里。伊丽莎白在继承王位之前，很少享受到王室的荣华与富贵，相反，却被宫廷一系列阴谋所包围。

这要从女王的父亲亨利八世说起，亨利与安妮·博林发生恋情后，就坚持与第一任皇后凯瑟琳离了婚，同时也废黜了他们爱情的结晶——玛丽公主的继承权。亨利同博林生下伊丽莎白后，确认了伊丽莎白的王位继承权。不到三年，亨利就厌倦了这份曾经轰轰烈烈的爱情，他将安妮王后投入阴森可怖的伦敦塔，并指其犯有叛国罪和通奸的罪名，处以斩首极刑。情随剑断。母亲去世后，议会宣布取消伊丽莎白的王位继承资格。此后，伊丽莎白与父王和宫廷的正式联系被限制在一个极小的范围之内，甚至她的衣食也得不到应有的保证。照管伊丽莎白的宫女看到这位小公主一天天长大，衣服越来越不合身，不得不给国王写信，要求给她做一些新衣服。

亨利后来又立过四位王后，第三位终于给他生了儿子，即爱德华。在后来的继母中，只有第四位帕尔对伊丽莎白尚存一丝人间温情。在亨利八世与帕尔结婚时，伊丽莎白冒犯了父王，亨利八世一怒之下将她驱逐出宫，并拒绝接见她。伊丽莎白无法忍受这种孤独的生活，于是写信给帕尔，求她向父亲说情，以返回宫中，帕尔满足了她的愿望。从此，伊丽莎白把她视为最亲近的人。

然而自古以来，觊觎王位的人不绝如缕，王室最大的阴谋总是围绕着王位展开，在各派势力的角力、博弈中，美好的情感永远地沦为权力的附庸。

亨利八世去世后，爱德华即位，舅舅萨默塞特伯爵摄政。帕尔和摄政大臣的弟弟西摩秘密结婚。从家庭伦理关系上推演，西摩既是伊丽莎白的舅舅也算是伊丽莎白的继父，但西摩却对伊丽莎白另有企图，他常常跑到伊丽莎白的房间与其戏耍，欲与她有肌肤之亲。宫廷中开始流传着各色的绯闻传说。绯闻向来为人们所津津乐道，它激起人们强烈窥探欲望，激发人们丰富的想象力。当绯闻流传开来时，就像决了堤的水一样势不可挡，一桩绯闻经过无数柔软的舌头，就像女巫淬了剧毒的利刃，具有无穷大的杀伤力。伊丽莎白被这柄利刃刺了个正着。

西摩对其兄的摄政权早已垂涎三尺，阴谋取而代之。在帕尔难产死后，西摩提出与伊丽莎白结婚，他企图利用伊丽莎白的特殊身份为自己篡夺王权做准备。但政变的成功绝不仅仅建立在野心和狂妄之上，它除了需要制造一个披着合理外衣的政变理由，政变者强大的控制力和对事态走向准确的判断及决断力至关重要。西摩显然不具备这种素质。不久摄政大臣以“叛国罪”逮捕了西摩。为了搜集西摩的罪证，伊丽莎白遭到监禁并接受一连串的审讯。虽然审讯的结果证明伊丽莎白是无辜的，但此后，伊丽莎白搬到庄园居住远离人们的视线。没有人知道此时的伊丽莎白内心有多么难堪，男女的隐秘情事，一旦与政治挂起钩，变得如此丑陋不堪，情色不再具有动人心魄的力量，而变成了一柄达摩克利斯之剑，也许就是此事，“性”因此成了女王一生难以跨越的障碍。

不久，爱德华痨病而死。姐姐玛丽继承大统。一场危机又不期而至。以怀亚特爵士为首的一批贵族密谋废黜玛丽，以伊丽莎白取而代之。但怀亚特无意中泄露了天机，于是，政府加强了戒备。怀亚特等人见势不妙，仓促行动，政变失败。尽管伊丽莎白对此一无所知。但玛丽却感到，伊丽莎白的存在是对她王权的最大威胁，欲置之于死地。玛丽命令伊丽莎白从庄园立即启程赶到伦敦，准备把她囚禁起来。伊丽莎白正患上了猩红热病，她的双腿浮肿，肾脏严重损伤，身体极度虚弱。人们用担架把伊丽莎白抬到马车上，因为她的双膝肿得厉害，关节几乎不能活动。伊丽莎白估量这次生还的可能性很小，她穿着一身白衣，蜷缩在马车的窗户旁，马车外掠过大片的原野风光，深绿、明黄、浅蓝交织成瑰丽的图画，而伊丽莎白的心情却是灰暗的。

事态的发展却柳暗花明，枢密院成员最终审讯的结果，是并没有证据证明伊丽莎白与怀亚特事件有关联。政府将她流放。伊丽莎白度过了10个月艰难的流放生活后被释放，但姐妹阋墙之隙永不可弥合。

伊丽莎白在玛丽的威胁下苟且生存，而玛丽一方面要警惕自己的王位不受阴谋者的篡夺，另一方面，无后嗣的痛苦以及由于与西班牙丈夫分道扬镳所带来的情感创伤无时无刻不在折磨着她。玛丽终于在痛苦与孤独中去世。伊丽莎白经历了生死磨难后登上了英国的王位。在前去加冕经过伦敦城时，她特意停留片刻，对夹道欢迎的人群做了简短的演讲。她满怀激情地说："是时间把我带到这里，并承认我为女王。"此时她已经25岁，在当时的欧洲早过了结婚年龄，但她依然是欧洲未婚女人中最有价值的一位，一生中她的求婚者络绎不绝，至她52岁时，重要的求婚活动有近30次。

但伊丽莎白始终没有结婚，温斯顿·丘吉尔曾经这样评判女王："她和臣民的关系是长期调情的关系。"这也许最能够贴切地诠释女王一生的爱恋。

一生挚爱——莱斯特伯爵

女王一生恋爱几次，但最爱的男人恐怕就是英俊潇洒的莱斯特伯爵。莱斯特伯爵是都铎王朝最有权力的朝臣，他和伊丽莎白青梅竹马，患难之交。女王登基后将许多重要任务交给他，给他许多封号和赏赐，让他经常在宫廷做伴。在同西班牙无敌舰队决战时，女王把陆上军队的指挥权交给他，就是那一年，伯爵因胃癌死于战场，享年56岁。伯爵的死讯令伊丽莎白女王几近崩溃。她把自己锁在卧室里，几天不眠不食。最后三朝元老塞西尔爵士不得不破门而入，将女王抬出卧室。

时光不停地走过，这段刻骨铭心的爱留下的印记渐渐轻浅，宛如退潮后的沙滩。美国的福尔杰莎士比亚图书馆曾公开展览过莱斯特写给伊丽莎白的一封情书，唤起了人们尘封的记忆。人们于是又回忆起：伊丽莎白与莱斯特长年保持着通信关系，女王喜欢在信中称呼他为“甜蜜的罗宾”，并给他取了个昵称：我的“眼睛”。而在展览的情书中，他称呼她为“最最甜蜜的女王陛下”和“我最最亲爱的女士”。有趣的是，他两次将代表“最”的英文单词“most”中的“o”双写，变成了“moost”，中间都空了一格，并在两个“o”正面加上“眉毛”，这样就成了一双“眼睛”。他在信里感谢“甜蜜的”女王给予了他“最伟大的安慰”，落款“R. · 莱斯特”。这也是他给其他人写信从来都没有用过的落款。

沃威克郡Kenilworth城堡花园也见证了莱斯特与伊丽莎白的爱，这个占地一公顷的老花园曾一度破败不堪，就是在这个花园，英国历史上的一段凄美的爱情故事被再度重温。

在女王登基之前，莱斯特早已结婚，此后，妻子离奇死亡，他的政敌纷纷向伊丽莎白进言，认为是谋杀。伊丽莎白出于政治上的考虑，一直未同意下嫁。伯爵曾两次向女王正式求婚，1575年，莱斯特做最后的一搏，他精心修饰了自己的花园，准备迎接女王的夏游。伊丽莎白原计划一个19天的旅行，莱斯特建议在花园举行化装舞会，并在其中安排上帝的信使环节，让女王听从上帝的安排成婚。不过，化装舞会最后取消了，官方说是天气的原因，但也有人说是女王觉得政治上不合适。

在这里，伊丽莎白拒绝了莱斯特婚姻之请。这个花园，成了他们的伤心之地。随着年代久远，渐渐漫漶在时光深处。随着莱斯特伯爵的仆人的一封信的新近面世，让世人有机会了解到花园当年的盛况。信中详细地描写了花园的设计和尺寸、小路的格局、草坪的印记、喷泉、隔断、雕像，甚至楼上露台的样子都有详细的记述。日前，沃威克郡着力恢复花园的原貌，向公众重新开放。那段尘封几个世纪的爱情随着花园的修葺被唤醒，像春天的树枝绽放出青葱旺盛的生命力。

青蛙王子——安茹公爵

1578年，伊丽莎白女王已经45岁，仍然待字闺中，当时，法国国王亨利二世的四弟、年仅23岁的安茹公爵到英国做客，年龄相差近一倍的两人一见钟情。他们形影不离，时常手拉手在御花园亲昵调情，甚至当众拥抱。

伊丽莎白答应了安茹公爵的求婚，她对这位貌不惊人的法国王子的迷恋令人匪夷所思。传说中的安茹身段矮小，像个侏儒，又因为儿时患了严重的天花，皮肤到处是斑斑点点，他的鼻端肿大，一分为二，这使得他的容貌看上去古怪。但他确有一套迷人的功夫，他擅长谄媚，并恰到好处。当他坐在低椅子上时，像一只小小的青蛙，令伊丽莎白格外怜爱，她称他是她的“小青蛙”。

也许是激情消退，也许是女王在激情之余又惦念起国家的利益，这桩婚姻缔结将直接影响英、法、西班牙之间复杂的国际关系。在将要举行婚礼的前几天，伊丽莎白忽然变卦。她郑重宣布推迟婚事。

这段情事就这样倏忽而至，又随风而去。就

像一个任性女孩在玩过家家的游戏，兴致盎然地盖起灶台，置办家当，拉出一副热火朝天过日子的架势，转瞬间又草草地将它结束。

然而伊丽莎白向国民发表了一番这样的谈话："我无须再选佳婿结婚，因为我在举行加冕典礼时，已将结婚戒指戴与我国臣民的手指上，意即我与全体臣民为伴，将我的生命与贞节献于英国。我只可能有一个丈夫，那就是英格兰。"女王对待英格兰及其臣民的这种脉脉温情，这种个人与祖国的白首之盟，使英格兰人感到震撼，他们格外怜惜女王。更加热情地把女王奉为神明，将她比作月神，比作贞洁的凤，比作为国尽职的鹈鹕。伊丽莎白因此成为英格兰历史上最夺目的一朵玫瑰。

探险英雄——雷利爵士

女王也曾爱过经常出海冒险的传奇英雄雷利。雷利是一个天才的军人，又是一个富有才华的诗人。雷利风流倜傥，智慧过人，语言幽默，据说他第一次吸引女王的注意，是把自己华丽的斗篷丢在泥潭里，以便让女王高贵的脚顺利通过。此举深得女王的欢心，他一度曾比任何人都更得女王的宠幸。

年轻时候的雷利是著名的“脚上戴着金刚钻、耳朵上戴着珍珠”的花花公子，说一口柔软的德文郡腔英语，写一手细致机巧的小诗。令人意外的是，在他妩媚的外表下，居然有着男人豪迈的气魄及强大的征服欲望。他曾经说过：谁控制了海洋，即控制了贸易；谁控制了世界贸易，即控制了世界财富，因而控制了世界。这句话至今仍被英国国民奉为圭臬，自他之后，英国开始了长达两个世纪之久的扩张与探险。

雷利开辟了北美探险的航路。他抵达了现今北卡海岸以外的小岛罗阿诺克，返回的时候带回了一袋珍珠、几个印第安人和许多关于北美新大陆的传说。为了博取女王的欢心，雷利将这个地方命名为“Virginia”。

多少年来，他在人们的传说中几近神话人物。坊间传说是罗利将土豆从北美洲引入英国，此后，土豆成了英国的主要作物。人们还说，是雷利将烟草带到英国，让欧洲绅士们自此享受吞云吐雾的神仙生活，事实其实与传说相差甚远，然而人们乐于用这种方式膜拜着自己心中的探险英雄。

盛极而衰，雷利从40岁以后噩运相随。在一次进军途中他被女王紧急召回，原因是女王发现他瞒天过海与宫廷女官有了鱼水之欢。伊丽莎白恼怒万分，她将雷利关进伦敦塔。所幸，他的船队俘获了西班牙运宝船，给他带来一大笔财富，也使他得以花钱赎身。但雷利从此就失去了女王的宠爱。

为了取悦女王，雷利发动了寻找“黄金国”的探险，这个国度在传说里已经存在了很多年，雷利相信它存在于南美亚马孙。虽然是无功而返，但是他所发表的《圭亚那发现纪》是伊丽莎白时代冒险叙事题材中最灿烂的篇章，充满了栩栩如生的细节和瑰丽的想象。

10 年之后，伊丽莎白女王去世。不久，雷利便遭到政敌算计，被监禁在伦敦塔长达 16 年之久，是历史上在伦敦塔内滞留时间最长的一名囚犯。不过他享有一定程度的自由，可以定时沿着城垛散步。雷利在塔里的日子过得相当惬意，他甚至把妻子、儿子都接了进来。他在自己的花园里种植烟草，还把一个鸡舍改成化学实验室。闲暇之余，他甚至写出了一部《世界史》。1618 年，雷利被处决，结束了牢狱生活。在雷利死后，有人声称曾见过他的鬼魂沿着城垛散步，眺望着远处的现代都市风光，倾听风在高大的悬铃木间叹息。

翩翩佳公子——埃塞克斯

伊丽莎白老了。一位使节在描述女王的容貌时写道：“她的面孔变得瘦长，显得很老；她的头上戴着一头厚厚的略带红色的假发；她的牙齿发黄，而且很不整齐。只有经过精心修饰，这种老态才能转变为君主的雍容华贵。”

那时候，女王已经54岁了，但她却遭遇了她一生中最后的爱——埃塞克斯。那一年他才20岁。尽管他们年龄悬殊，但女王是那么爱恋这个少年：他俊俏的仪容、他优雅的举止、他温和的声音、他颀长的身材、他柔顺的金发、他身上罗曼蒂克的情调，一切都是那样打动女王。

那是在1587年的春天，白天，他们在伦敦公园和郊外的树林里骑马散步，晚上，他们有说不完的话，聚在一起听音乐，直至深夜，所有人都离去，唯有他们长相守。凤箫声动，玉壶光转，浮生只恨欢娱少！美好的时光就像十三岁的女孩儿初学刺绣时绣下的花骨儿，娇艳饱满。

就这样，他们度过了1587年的5月和6月。

每到英格兰的5、6月，漫长的冬季便为春天所取代，花儿开始绽放出笑脸。大街小巷便会开满了英国的国花——玫瑰。如果时光就停留在1587年那个春天该有多好！英俊的埃塞克斯手握一束浪漫的玫瑰，伫立在春天旖旎的风中，凝视着女王，那该是多么动人的一个场景。

女王的宠爱使得埃塞克斯很快成了宫廷中光辉夺目的明星。他曾先后两次率领舰队远征西班牙，有一次大胜归来，从此在人民群众中树立了他的英雄形象和盛大声誉。

然而女王的倾心，使年轻的伯爵恃宠而骄。两人之间时常发生争执，甚至反目成仇。女王在盛怒之下当众掴了伯爵一记耳光，伯爵拔剑而起。但由于君臣关系的背后还有爱情关系，只要埃塞克斯讲几句服软的话，女王最终还是会原谅他。

然而不可原谅的是那一次：1601年2月的一天，埃塞克斯率领几百名家丁和羽党武装起义，鼓噪入城。原以为都城人民会追随在他的麾下，可是伦敦城内的民众却没有人愿意跟随他去攻打王宫。这样造反简直就像一次任性少年的纵情豪赌，结局可想而知，造反队伍被一举歼灭；他本人在被捕后以叛国罪受审处死。死时年仅34岁。

埃塞克斯伯爵在死前写下最后一首诗献给女王：

青春韶华　霜结爱恋
欢乐盛宴　苦不堪言
生之硕果　皆为草稗
历尽此生　空怀幻念
光阴正逝　华不再来
化蝶于此　今生不在

据说，女王读后老泪纵横。此后伊丽莎白性情开始大变，变得更加暴戾。她经常一连几天神情悒郁，呆坐不语，有时候又无故大发雷霆，严厉斥责侍从和大臣们，从而使得宫廷中弥漫着紧张的气氛。有时，她阴郁地在宫廷中徘徊，两眼呆滞；有时，她会突然拔剑出鞘用力地刺向墙上的挂毯，那后面藏着她臆想中的敌人。

埃塞克斯在宫廷中虽树敌众多，但他长期十分赏识甚至崇拜培根。

弗朗西斯·培根，英国文艺复兴时期最重要的作家、哲学家，在文学、哲学领域多有建树，在自然科学领域也取得重大成就。他是经历了磨难的贵族子弟，造就了他的自强不息、富有生活情趣、思想深邃、热衷政治、深谙官场运作，但也造就了他的工于心计，老于世故。埃塞克斯长久以来怀着诚挚、热烈的友谊多方帮助培根。培根对埃塞克斯，则先是依附他，曲意承欢；在他志得意满的日子里，也曾根据当时形势，劝告他谨防风摧秀木；到了后来，伊丽莎白女王对埃塞克斯疑虑日增，亲召培根探问时，培根察知风向已变，迅速转舵，他开始在女王面前中伤埃塞克斯。埃塞克斯下狱受审时，培根代表朝廷控诉他谋反。埃塞克斯被处极刑之后，培根又编写他的详细罪状，不惜曲笔。培根出卖昔日情谊和自己良知所取得的报酬不过是女王赏赐的区区一千二百英镑。

几个世纪过去，培根写的《论友谊》中一些精辟的论述依然在人类思想史上闪耀着璀璨的光芒："人与人的友情对人生何等重要。得不到友谊的人将是终生可怜的孤独者，没有友情的社会则只是一片繁华的沙漠。"

此后的培根有一阵子官运亨通，但终因受贿被免职。赋闲的培根为做一个科学实验，在雪地受寒离开了人世。也许人生对他来说，终不过是一片繁华的沙漠。

1603 年 3 月，女王病倒，并失去了语言能力。23 日，女王驾鹤西去，身边的人默默地从她手上取下了那枚象征嫁给英国的结婚戒指。

后记：我是你的丑小鸭

一

我从小就是个羞怯的孩子，越在深爱的人面前表现越笨拙，不知该如何去表达藏在我内心深处最柔软的爱。

我猜想如果我不说，我爸永远都不会知道我有多爱他。

我记得在我 5 岁那年，我爸下放在靖安县。我们全家留守在南昌。平日我很想念爸爸，每日的必备功课是：在家背古诗、写几页歪七扭八的字、陪外婆去菜场买菜，再就是发呆了。下雨天，我站在楼梯口，看屋檐上的水珠一滴滴地落在小水洼里，荡起一圈圈的小涟漪，我就开始发呆了，我想楼下大头壳的爸爸天天在家，晚饭后，率大头壳及他的众多弟弟妹妹一大帮萝卜头浩浩荡荡地在湖边散步。而我的爸爸却在遥远的靖安，爸爸什么时候才会回来呀？

偶尔，爸爸会在周末搭便车回南昌，那天是我盛大的节日。我拿出翻了几百遍的《三毛流浪记》，缠着爸爸给我讲故事，第一篇是《孤苦伶仃》。我爸讲故事绘声绘色，我张着缺了门牙的嘴听得乐呵呵的。我趴在爸爸的膝上，像牛皮糖样地黏着他，我梳着两只冲天辫，我爸扭扭我的小辫子，我们一起笑翻了天。我喜欢跟着我爸，他去哪我也去哪，妈妈烦了，说："一边去，你爸累了，别缠他！"我才很不甘心地走掉。

星期一，爸爸要搭一大早的车回靖安，天才麻麻亮，清晨的光蒙蒙地透过窗棂，他就静悄悄地起身了，我听见他拿着旅行袋，蹑手蹑脚地穿过堂屋。

小时候的我是出了名的大懒虫，一个姑娘家家啥都不会做，还睡懒觉，日上三竿也起不了床。可每次，我爸要走的那个清晨，我都会醒来，我分明听见爸爸走过堂屋，打开房门，又轻轻地合上。全家人都沉在酣睡中，只有我醒着，我把头埋在被子里，我很想抱着爸爸说："爸爸，爸爸你不要走。”

可我却羞于开口。因为我的眼泪会不争气地流了出来。我不想让我爸看见我的眼泪，那样很丢脸。

那年冬天，爸接我到靖安去玩。早晨爸上班了，我睡在昏暗的木屋子里，木屋子外墙上挂着洋铁做的水管，当有水流过的时候，会咕咕噜噜地响，我的肚子也开始咕咕噜噜地响，于是我起床了，在爸爸书桌的墨水盒里拿了一枚 5 分钱的硬币，蹦蹦跳跳地到街上去买馄饨吃，那么薄的皮，那么绿的小葱花，那么香的小磨麻油，那么细的虾皮，那是我今生再也难以忘记的美味。在那个食物及金钱匮乏的年代，只有我爸才会让我随心所欲地享用冰淇淋、奶油蛋糕、酸话梅、狗不理包子以及一切我馋的东西。

我磨磨蹭蹭地吃完馄饨，溜达到小溪边，冬天溪上结了一层薄薄的冰。可在夏天，清澈的小溪里满是活泼泼的小鱼儿游动。爸爸在食堂里拿了几块炒过的肥肉盛在畚箕里，再放进小溪里，不一会儿，诱来一大群馋嘴的鱼，把畚箕拎起来，小鱼儿在畚箕里跳出一道道银色的弧线，这样捕鱼的方法，屡试不爽。那种小笨鱼我至今不知道叫什么名，鱼里面居然也有像我这般的馋家伙。

多年以后，当我回想往事，当年我爸其实是个很有童心的人，虽然现在他头发斑白，软软地趴在头顶；虽然他有时候对我太过严厉；虽然有时候我觉得他的爱太粗放，甚至我觉得他不够爱我，但每当想起童年往事，我总会热泪盈眶，我希望我爸对生活永远充满热爱，我不想看到我爸慢慢老去，我更怕我令我爸失望。我小时候是那么顽劣，以致连大学都没考上，我走了那么曲折的路，虽然成长以后我懂得了努力，但我深知我离我爸对我的期望还差得太远。

二

可这一切，我却不知道该如何去向我爸诉说，我是一只笨拙的丑小鸭。

17 岁那年，我参军了。临行的前一天，在人武部领了一套深蓝色的海军军服，穿上它，我对着镜子打量自己，心里有兴奋，更多的是惶恐。兴奋的是可以离家远走，惶恐的依然是离家远走。

那天夜里我怎么也睡不着，辗转反侧了一夜，早晨起来，爸问我晚上睡好了没。我撒谎了，说睡得很好。爸叹口气，说他一宿没合眼，他还说，

"你真没良心"。我心里特别难过，那顿早餐吃得没滋没味，我努力不让眼泪掉下来。

从南昌至青岛需要到上海转船，我爸送我到上海。火车轰隆隆地往前进，穿越漆黑的夜色，穿越漫长的隧道。我悄悄地逃离大部队，溜到我爸在的那段车厢，号啕大哭，满车厅的人都被我吸引了来，我爸默不作声，待我哭累了，简洁地说声："回吧。"

第二天，我爸送我到码头，就匆匆走了，他没多说什么，也没回头。我知道他那么仓促，是不想让我看到他的悲伤。他曾讲过《战国策》中的一个故事《触砻说赵太后》：触砻认为赵太后爱女儿燕后胜过爱儿子长安君，只因赵太后不肯让长安君出质齐国以解赵国之危，然而燕后远嫁时，赵太后惦念她嫁到远方，伤心泣下，却年年祷告希望燕后能够留在燕国，子子孙孙相继为王。我知道我爸爱我，他说这个故事，无非是不希望牵绊住我的手脚，他希望我像一只振翅的鸟儿飞得更高更远。

三

我真的很不争气，三年的军旅生涯转瞬即逝，我还是回到了家乡。

当步入社会参加工作以后，走得磕磕碰碰，忽然生出了满心的惶恐，那种惶恐就像丑小鸭独自走在巨大的牛蒡密林里，发觉自己一无是处——我终于意识到读书的重要。

自卑的时候，我怨天尤人，倘若没有我爸，也许我一生都会陷在痛苦的泥沼里。他不断地勉励我，为我设定一个又一个的目标——他说，你还记得小时候看过的丑小鸭的故事吗，它出生的时候那么丑，它到处挨打，被排挤、被讥笑，它的伙伴们的愿望不过是："在一间温暖的屋子，有一些朋友。"而丑小鸭想要去的是更广大的世界，所以它不停地飞，飞着飞着，严冬所受到的困苦和灾难就成为过往的记忆。太阳变得温暖，紫丁香在它面前把枝条垂到水里去，它内心发出快乐的声音："当我还是一只丑小鸭的时候，我做梦也没有想到会有这么多的幸福。"

每当我想放弃，我爸的面容就浮现在我眼前，我想我不能让我老爸失望。

那段时光真是艰辛无比，我重新拾起书本，通过学历考试，再通过律师考试、国家公务员考试，写作出版。每前进的一小步都宛如小人鱼的舞蹈，外人看来轻盈，只有她自己才知道足尖上的痛，步步宛如在刀锋上行走。

四

我病了，那场疾病来得如此凶猛。忽然之间，我衰弱得像老太婆一样，上楼大口大口地喘气，耳鸣，耳朵里像是有一列过山车，整日轰轰隆隆地开，脸色焦黄。医生初步诊断是再生障碍性贫血。

我以为我快要死了，我泪飞如倾盆雨。我想中断治疗，既然是绝症又何必折腾？

我爸很着急，他说："你怎么这么脆弱，有什么大不了的呢？钱不是问题，倾家荡产我也要把你的病治好，南昌治不好，我们去北京上海，国内治不好，我们就到医术最先进的国家去。"

他还说："你担心没人照顾你吗，我提前退休来伺候你。"

我号啕大哭，哭得喘不过气来。他摸着我的脑袋，我感觉得到他手上的温度，我再也不怀疑我爸对我的爱。

后来检查表明，医生是误诊，然而那场病也足够消磨人的意志。

住院的第一天夜里，我忐忑不安。熄灯了，窗户也关上了，房间里消毒液的味道更加浓重，我听见走廊上有人疲沓地走动，听见水箱里的水滴滴答答地流，听见同屋人的鼾声，想起漫长的治疗过程，我心里生出许多恐惧。

一大早我就起床了，我闷闷地在街上溜达。待回到医院里，病房里的病友说我爸来了，刚刚才走。

我心里酸酸楚楚，我的老父亲，他向来都是个粗线条的人，他所有的专注都用于治学，可在我病中他却变得如此细腻，他是担心我害怕面对治疗，专门来宽宽我的心。

我治疗的时候，我爸每天都要来看看我，陪我说说话。

有他的陪伴，病就像蚕茧剥丝一样一点一点地抽去。

现在我已然痊愈，可我依然很怀念，不是怀念生病的滋味，而是怀念我爸的陪伴。

五

我爸就这么一直陪着我一道成长，他陪我走过一里又一里，我看见冰川开裂前的细纹，看见金色的地衣铺满山坡，看见长满了山毛榉的密林，看见苍老绵延的山脉，看见晨光与暮色、花朵与月光……然而无论走多远，我依然是你笨拙的丑小鸭。